すべての「笑い」はドキュメンタリーである

『突ガバ』から『漫勉』まで

倉本美津留

木村元彦

すべての「笑い」はドキュメンタリーである

倉本美津留とテレビの34年

木村元彦

太田出版

すべての「笑い」はドキュメンタリーである

野暮なプロローグ

あれは一九九〇年だったから、もう二六年ほど前になる。夜半にふとテレビのスイッチをつけたら、全裸の女性がひな壇の上に座って両足を広げていた。何もなければモロ映しになってしまうその局部をひとりの男の頭がかろうじて隠している。男は反骨のルポライター、晩年の竹中労だった。美空ひばりの音に聞こえたステージママ、加藤喜美枝を「このクソババア！　横柄に股火鉢なんぞこきやがって、ちったあ礼儀というものを弁えろい」と怒鳴りつけ、部落解放同盟に血闘を申しこみ、創価学会と対立し、右翼の首領から左翼の活動家までエライ人を遠慮会釈なくぶった切ってきた「ケンカ竹中」が全裸美女の太ももに頭部を挟まれて、にまにまとスタジオで語っている。あのころ、竹中がテレビに出ること自体はそれほど珍しいことではなく、「百怪、我ガ腸ニ入ル」と、異形のバンドたまを激賞した「いかすバンド天国」の審査員も含めて露出はしていた。しかし、毎回舌鋒鋭く硬派な持論を展開する竹中が「テレビと低俗」について熱く語っているここでの画面は強烈だった。低俗さを語らせる環境がまさに低俗さを醸しだしていて（熱くなって首を振ったら見えてしまう）二重の批評として機能するその演出に強い印象を受けた。一九八七年に胃癌を患い、「余命三年」と宣告を受けた竹中の覚悟の生前葬を見る思いだった。それは「ＥＸテレビ」という番組の「低俗の限界」というテーマの回であった。テレビを観るときに裏方を気にすることなどなかったが、こんな実験的な番組の構成を誰が書いたのだろうかと気にかかり、エンドロールで流れた少し変わった名前の作家をメモしておいた。それで終わりではなかった。その後もフックした作品のクレジットを確認するたびに少し変わったその名前とは出くわすこととなった。本番中にスタッフをどんどん帰してしまう「テレビスタッフ山崩し」の「ＢＬＴ」、板尾創路、東野幸治、今田耕司の三人が一五分の番組の中で多様な企画を次々に仕掛けて、視聴者が一週間続けて観てようやく意味が分かるという「冒冒グラフ」、架空の職業を作り生瀬勝久に演じさせて三宅裕司が遠慮会釈なく突っこんでいく「三宅裕司のワークパラダイス」。そしてコントの金字塔「ダウンタウンのごっつええ感じ」、私が無人島に持っていく一枚となったら間違いなく選ぶ「松本人志ビジュアルバム」……。もちろんテレビ番組は一人で作るものではなく、プロデューサー、ディレクター、演者、技術スタッフらの共同作業であることは自明だ。しかし、不思議なことに局も演出もバラバラながら、テレビにありがちな予定調和を排したエッジのきいた作品に遭遇して、身を乗りだしてエンドロールを見てみると見事にその名前、「倉本美津留」が必ずあった。いったいどのような人物なのか、と考え始めたとき（たしか日韓Ｗ杯の年である）にテレビ東京で朝早くから帯番組の「くらもとみつるとぽんごん」が始まった。

（子ども番組まで書いているのかこの人は）と思ったら、本人自らが奇妙な扮装をしたナビゲーターとして出演していた。

主人公くらもとみつるは日本語の奥深さと珍しさを怪獣ぽんごん（この名前自体がニッポンのポンを使った言葉遊びだ）と一緒に探求するのだが、そのメソッドと見せ方がユニークなのだ。

月曜日はたとえの面白さを抽出して提示する「おおげさことば」。「はずかしい」は《顔から火が出る》、「ほしい」は《のどから手が出る》、それらの言葉をビジュアル化して、花の生えたヅラを被り傘をさした変なお兄さんの倉本が「それが大げさやっちゅうねん」と突っこみながら、「でも日本語っておもろいなあ」とまとめていく。

火曜日は単語を英語と比較した「どっちが好き」。太刀魚は日本語では刀のような魚となっているけれど、英語ではribbon fishでリボンに似ている魚、同じようにちょうちんアンコウは英語ではangler fishで釣りをする魚となる。文化圏によって捉え方や感じ方が異なることを説く。良いなと思ったのは、日英の言葉の比較をした上で、どちらの見方が正しい？　どちらの言語が優れている？　というのではなく、どっちが好き？　と子どもたちに問うのだ。

特に面白かったのが、くらもとみつるが大活躍する水曜日の「へんななまえ」。変な名前をつけられたと言って怒っている生きものに主人公の分身である人形のくらもとみつる

が話を聞きに行っては叱られるのだ。少し再現してみると、
たとえばアリクイ。
実写のアリクイがまさにエサのアリを食べている。

くらもと　どしたん、どしたん何かあった？
アリクイ　いやいや、俺なんでアリクイって名前やねん！
くらもと　うん
アリクイ　そらアリ食うてるけどもやなあ。食いもんのほうがメインの名前になっとるがな
くらもと　ほんまや
アリクイ　そんなもん、俺見てみい、こんなデカイ身体してんねやで
くらもと　デカイな
アリクイ　なんであんなちっちゃい奴の名前に負けなあかんねん、俺が。アリクイて。なんかもっとあるやろう。ふつうやったらアリクイなんとかいう名前なるんちゃうんか
くらもと　かもしれん

アリクイ　悪口みたいに聞こえるで

くらもと　ごめんな。ほな、観ているみんな、他の名前を考えたって

他にも魚ヘンに弱と書かれて「俺らそんな弱ないっちゅうねん。メダカいう奴のが弱いんちゃうんか！」と怒っている鰯《いわし》。小さいのに大きいマメと書かれて「俺より大きいソラ豆さんに見つかったらやばいやろ！」とビビッている大豆。

なぜか皆、関西弁で怒っているのに笑ってしまうが、よく考えてみると、そもそものの名前などは人間が記号として勝手につけたものであることに気づかされる。名前をつけられたほうは、自分が大豆とか鰯とかアリクイという認識すらないはずである。その意味では万物の霊長の傲慢さがあぶりだされて、それをくらもとみつるが「なあみんな、ほかのええ名前を考えたって」と最後に締める。漢字や言語を面白く学ぶだけではなく、少々哲学的なテーマの領域まで踏みこんでいるとも言えよう。六時四五分からのたった五分の番組で日本語の言葉の面白さを味わえるだけでなく、雑学的な知識もたまる。

かように濃密なラインナップで、私の周囲では出勤前に観るという大人も急増していた。

そして二〇〇八年、NHKのEテレで始まった子ども番組「シャキーン！」。現在も続く一五分の時間で、これまた濃密な企画の原液をそのまま差しだしてきたような番組だっ

た。
ますます興味が沸いて倉本美津留のことを調べだした。するとある日、ネットの検索で引っかかった、著名な放送作家の高須光聖氏との対談の中でこんなことを言っているのを発見した。

倉本 いろいろあるけど、二十一世紀からは言いたいことは正直に、恥ずかしがらずに言ってもいいんじゃないかと思ってね。（笑）俺はとにかく「世界平和」を目指すよ。
高須 あらっ…すごいこと言い出しましたね、倉本さん。
倉本 やっぱりなんだかんだ言って、戦争無くなってないからなぁ。戦争に関してそれほど知識があるわけじゃないけど、たくさん人は死んでるし、それは痛くて苦しいし、いいことではない。

（中略）

高須 どうしましょう…なんか、凄い話になってきましたね。
倉本 お前の創って産み出してるモノ…お前の「やりたいことやってる」っていうその感覚は、世界平和を乱したりはしてないか?大丈夫か?世界を誤った感覚へ突き動かしたりしてんのんとちゃうか？

高須　してるように見えてます⁉

倉本　いや、見える見えないって事じゃなく、意識の問題やんか、そこは。意識として「自分の創ったものの責任」っていうか、影響を遠い未来にまで思っていく、思いやっていくって事が大事やで。その場その場では何の影響もなくても、ずっと先の未来で何かを傷つけてしまうようなクリエイトは、絶対あかんからさ。

高須　あー…どうなんでしょう…考えたこともなかったですよ。クリエイターとして、面白いか、面白くないかの軸しかないですもん。だから自分が面白いと思うことだけ考えて創ってますね、今も。

倉本　世界を平和にしてしまうと個人個人はちょっとずつ不幸になる部分がでてくるとは思うのよ。でも、それが思いやりっていうことなんやとしたらそれは絶対持っていた方がいい。そういう良い影響を与えていけるように、いろいろ創っていきたい、かなぁ、俺は。

（中略）

倉本　（略）やっぱり先々まで考えた発信をしていかなあかんって、それは絶対に。テレビやからええわ、じゃなくて、テレビっていうその場その場であるからこそ、なおさら、な？　放送作家という仕事に責任持つなら、やで？

（MITSUYOSHI TAKASU OFFICIAL WEB SITE 御影屋「九回目ゲスト　倉本美津留さん」）

このやりとりを読んであぁ、この人を書いてみたいと思ったのである。何かと大人の事情や束縛の多いテレビの仕事を前に「俺は世界の平和のために仕事をしている」とぬけぬけとてらいもなく言いきっただけではない。二〇〇一年の段階でのちに起こる大きな社会問題を予見していたかのような発言をしている。

「影響を遠い未来にまで思っていく、思いやっていくって事が大事やで」
「ずっと先の未来で何かを傷つけてしまうようなクリエイトは、絶対あかんからさ」

この発言は、東日本大震災で安全神話に覆われた福島第一原発がメルトスルー（溶融貫通）する前である。嫌韓反中のヘイト（差別煽動）本が売れるからという理由で書店の棚を占領し、それに同調するかたちでヘイトスピーチのデモが路上に現れるずっと前である。
超売れっ子のバラエティーの構成作家がかような思いで仕事をしていることに衝撃を受

けた。

(道理で)

ああ、「ぽんごん」のくらもとみつるも、「ダウンタウンDX」のトスポくんや「一人ごっつ」の大仏の声も、世界の平和のためにやっていたのである。


私自身はコソボやボスニア、旧ユーゴスラビアの民族紛争や臓器密売などの戦争犯罪を主にルポしてきた書き手である。テレビについては門外漢なのは百も承知で小さなためらいはあった。それでも、故山口瞳は「隠れたファインプレーを書くことがジャーナリストの使命」という至言を残した。「ぽんごん」を数少ない例外として裏方ゆえにめったに表には出てこないが、人知れず自分の仕事の先に世界の平和を乱すようなことがあってはいけないと考えながら、そしてたとえ自分たちがちょっとずつ不幸になっても未来に思いやりをもたなあかんと思いながら、高視聴率番組を手がけてきた男がいる。このファインプレーを見逃してはいけない。同時に下取材を開始すると倉本美津留を描くことは奇抜な発想やアイデアの出し方、テレビがもっと元気だったころの自由な時代を伝えることになると気がついた。前説が長いのは野暮であるが、まずはお前がこれをなぜ書くのかから必ず記せ、という編集氏のアドバイスに従った。こんな序章でどうだ。

すべての「笑い」はドキュメンタリーである
目次

第二章 リビ童日記

第三章 怒りて言う視聴率に非ず

第四章 企画よ、お前はただの設定にすぎない

笑い飯
西田

すごい気さくって言うんですかね。えーっとね、「M-1」の予選のまだ準決勝でなく二回戦か三回戦のあとぐらいにNGK（なんばグランド花月）の裏かなんかで、すれちがったときに、「おお、自分ら、面白かったで」って言われたんですよね。僕はまだお顔を知らなかったんで、普通の一般のおっさんやと思って、「おお、ありがとう」って気軽に言うたんですよ。それで決勝行きが決まって、審査員をやっておられたみたいなことをあとから聞いて、あ、あのときの人や、っていう。しかも僕らが準決勝で落ちかけていたのを倉本さんが強く推して救いあげてくれたのを知りました。

はじめてのコントDVDを作るときにやりたいことを僕はぱっぱっぱっと思いつきレベルで出していったわけなんですね。倉本さんという人は、その出したアイデアを絶対ぽしゃらせない人なんですよ。頭の悪い作家やったら、「それは伝わらへんからウケへんやろ」みたいな感じで言いよるんですけど、倉本さんは絶対にそれを言わないです。「なんでそう思った」みたいな、「それは何時の設定なの、そのときの天気は」とか、質問でぐいぐいぐいぐいこっちのアイデアを出させてさらに具現化してくれるんですよ。それはすごいなって思います。それで実際に作ってしまった。全部肯定して僕らの中に眠っているアイデアを出させるんですよ。

笑い飯
哲夫

第一章 テレビ屋たちの夏

デビューのころ、一九六八年

東京大学法学部に通う田中文夫は猛烈な負の情動に駆られていた。この男は一九四八年に兵庫県の龍野市に生まれている。播磨の小京都と呼ばれるかの地の人々は畑を陸蒸気《おかじょうき》で潰すことを良しとせず、山陽本線を通さなかった反骨を誇るのであるが、まさにその気風にどっぷりと浸かっていた。龍野高校を卒業して進んだ東大の法学部に対する抗いの衝動が抑えきれない。

折しも医学部を中心として展開されたインターン廃止運動を軸とした東大紛争が激烈な時期であった。田中はその季節の真ん中にいた。二年生の六月に安田講堂占拠事件が起こり、七月には全学共闘会議が結成されて一〇月には無期限ストに突入する。全共闘は大河内一男総長を辞任に追いこむとさらに東大解体を叫び、封鎖したバリケードの中で年を越した。翌六九年一月には八個の機動隊の導入によって安田砦は陥落するが、建学始まって以来の入学試験の中止が決定する。庄司薫が描いた『赤頭巾ちゃん気をつけて』の世界である。

田中のクラスにはそんな空気の中で気勢を上げながら、これから官僚になると言っている学生が多くいた。彼らに対する反発が抑えきれなくなったのである。「何が日本最高学府の東大法科や。こいつら、信じられへん。予定調和やないか」。中には、官僚は五〇歳を過ぎてからが社会的に安泰で待遇がいいんだ、と臆面もなく口にする奴もいて腸《はらわた》が煮えくり返った。「法律の勉強はおもろないし、ましてやこんな奴らと学びたない。俺はもっと人間的なもんを追いたい」。そう周囲に宣言すると、三年になるとさっさと文学部に転部してしまった。同期の国文科には「とめてくれるな　おっかさん　背中のいちょうが泣いている　男東大どこへ行く」の駒場祭コピーで注目を浴びた橋本治がいた。

田中はドイツ文学を選んだ。語学でドイツ語を専攻していたからだが、ここでベルトルト・ブレヒトと出会う。どんどん教条主義に陥っていく晩年の作風は好きではなかったが、初期の詩が好きでよく読んだ。とりわけ衝撃を受けたのが、この稀代の劇作家が唱えた演劇理論「異化効果」だった。古代ギリシアのアリストテレス以降続いた古典的作劇法を否定し、登場人物が劇中でいきなり役を離れたふるまいをしたり、客観的に芝居を批評しだしたりして、観客が登場人物や物語に感情の同化をすることを妨げる趣向である（植木等が流行言葉をキメたあとに「また言っちゃった」と言うのも異化効果と言えよう）。もともと、オペラのように圧倒的な声量やスケール感で人の感情をねじ伏せてしまう演劇は間違っていると考えていた田中には、俯瞰したアングルから物事を批判的に観察させるというブレヒトの手法が肌に合った。

「異化効果ってええな。そもそもアップで観たら悲劇でもルーズショットで観たらすべて喜劇やないか。ああ、悲しいな、可哀想やな、だけで終わったらおかしい。どこかでバランスをとらんといかんのや。古典みたいにカタストローフ（悲劇的な結末）に異常に偏っているのは認識論的にもおかしいやないか」

ブレヒトの「異化効果」の洗礼をどっぷりと浴び、ものづくりにおいてタブーやカオスを恐れない、そんな田中が一九七二年に毎日放送（ＭＢＳ）に入社した。

ラジオの営業を二年、制作を六年経験したあとにテレビに移り、朝のニュースショーを三年やり、三三歳の年についにディレクターとして火曜日夜一〇時の枠でバラエティーを担当することになった。

「今までの先輩のやり方を参考にして型にはまったもんを制作してたら一〇年経っても変化がない。俺は今まで誰も観たことのないバラエティーをやったる」

田中にとって幸運だったのは、任されたのがローカル番組だったことであった。二二時というプライムタイムでありながら、それはローカルタイムであり、さらに恵まれていたのは、毎日放送のこの時間帯の番組がずっとボロボロだったことである。当時の関西において二二時の枠は朝日放送がやすきよこと横山やすし・西川きよし司会の「プロポーズ大作戦」、よみうりテレビが「火曜サスペンス劇場」、関西テレビが自社制作の大型時代劇で、それぞれが二〇パーセントのレーティングを取っている中、毎日のそれは四パーセント。三強一泡沫の状態で引き継いだために変な期待も縛りもなく自由に発進できたのである。

「全国ネット番組みたいに提供料がようけあって、社員何千人の生活がかかってるわけやない。予算もないけど、ついでに怖いもんもない。おもろないと言われたら、ほなええわって言い返したら終わりや。やりたいことやったる」

新番組を始めるにあたり、田中には腹案が一つあった。当時、全く無名であった芸人・笑福亭鶴瓶の起用である。それはラジオにいたころ、「ヤングタウン」通称ヤンタンの月曜日を担当した際にこの松鶴の弟子と組んで番組を作って以来、温めてきた構想だった。田中は鶴瓶について、「しゃべりは訥弁で上手くないが、時折すさまじい爆発力を発揮する。やり方次第で大ブレイクする」ことを看破していた。

鶴瓶は本音のトークに対するこだわりがあり、常々こんなことを田中に話していた。

「『テレビよりもラジオのほうが本音のトークができる』とか言う人おるけど、そんなことはないですよ。むしろラジオのほうが不自由でしょう。なんでか言うたら、ラジオは一〇秒か一五秒か黙ってると放送事故になってまうでしょ。ところがテレビは画があるから、たとえ一時間沈黙しても事故にはならん。考えこんだり、ほんまのことを話そうか迷ったりできる。テレビのほうが誰にも強制されない自由があるじゃないですか」
田中も意見を同じくしていた（余談だが、後に田中は鶴瓶と清水国明の九〇分のトーク番組を演出する。そこではスタジオの二人を映さずに風景や成瀬國晴のイラスト、ニュース原稿の文字など全く関係のない映像を流した。画と音が別個のこの実験番組「自由空間えっくす」を観た視聴者からは「家のテレビが壊れた」という問い合わせが殺到したが、鶴瓶は今でも最も印象の強い出演作品として挙げている）。これから手がける番組ではしゃべることの自然さ、自由さを鶴瓶を軸に追求し、さらには日本テレビの細野邦彦がNHK大河ドラマの裏でコント55号に野球拳をやらせた「裏番組をブッ飛ばせ！」のような毒を混ぜたいと考えた。

新番組の名は鶴瓶の好きな言葉「ガバチョ」に田中が「突然」を足して「突然ガバチョ！」とした。田中はまず鶴瓶がやりたがっている本音トークを具現化するコーナーについて思いを巡らした。ディレクターとして観察すると、鶴瓶は口下手な上に、人に気を遣う人間である。セットの中で面と向かったインタビューだとつい相手を持ち上げてしまう可能性が強い。ハの字型に組んだソファにしろ横並びのカウンターにしろ、話し相手の目を見てしまうと途端に礼儀正しくなってしまう。それは共演者にリスペクトを忘れない鶴瓶の人間性でもあるのだが、しかしそれでは権威をひっくり返すような鋭利なインタビューにはならない。ではどうするか？　ならば正対しないような状況にすればいい、と田中は考えた。編みだしたのが、「つるベタクシー」だった。鶴瓶をタクシードライバーに扮装させ、ゲストは客の設定で後部座席に座ってもらい運転しながら会話をするのだ。二人とも前方を見る。これならばバックミラーで時折目が合うが、相手の顔は見えないから傍若無人に突っこめる。思いきった質問を繰りだすためのタクシーという設定であった。予定調和が大嫌いな田中は「このコーナーはすべてノンフィクションであり、登場する人物・団体およびつい口をすべらした話はすべて真実です！」というスーパーを冒頭に流し、台本なしの言葉の勝負をけしかけた。これが成功した。鶴瓶は日本を代表するエスタブリッシュメントたちを相手にしても臆することなく切りこんでいった。

チャゲに向かって「隣の石川優子は知っとるけど、あんた誰や？　鶴太郎か」。

やしきたかじんには「名前の最初の文字が『や』で最後が『ん』の名前て……、やーさん」。

ミュージシャンの飯島真理には生理の周期の話まで振った。鶴瓶はゲストのリアクションを背中越しに捕らえてテレビだからできる本音トークを回転させていった。

田中は加えて自身の真骨頂とも言える「テレビにらめっこ」のコーナーを作る。スタジオに客席ではなく、大学のキャンパスをイメージしたなだらかなスロープを作って観客を座らせておく。そこへ登場した鶴瓶が「テレビにらめっこ」と言うと、次の瞬間からスタジオ内は笑うことが禁じられるのだ。その状態で視聴者から募ったギャグのハガキが読み上げられ、噴き出したり笑い声を漏らしたりした者はダースベイダーや安達ヶ原の鬼婆の格好をした「指摘マン」に指を指される。これが第一の恐怖。次に、指摘された者は筋肉ムキムキの海パン姿のボディビルダー「退場マン」二人の手によってスタジオから担ぎ出されてしまう。この設定により、観客の心の中に笑いたいけど、笑ったら怖いという葛藤を巻き起こすのだ。

笑えないというルールを決めることで日常にない異空間を作り、緊張を強いる。そして視聴者に対しては読まれるギャグの面白さだけではなく、そのルールから外れたときに起こる事象で大きな笑いを狙う。滑稽なものに触れた人間の反応をさらに俯瞰した目線で面白がるのだ。田中が好んだブレヒトの演劇の構造の鶴瓶バージョンである。そしてこれはまさに現在ダウンタウンが年末にやっている「笑ってはいけないシリーズ」の原型である。

本番の収録では徹底的にリアリティーを追及した。それまで出演者は顔にライトの当たる位置に立ち、音の拾えるマイクの前で必ず話すように指定されるのが常識で、テープでバミりがされている場所からは動いてはいけないという不文律があった。田中はタレントに「そんなもんは気にせんと、どこでしゃべってもええで。そんだけの自由は与える」と宣言し、その一方でカメラと音声にはどこまでも追いかけるように指示した。

「そのことで画面がブレたり、音質が悪なったりしたらそのクレームは全部、俺が引き受ける。上司に叱られそうになったら、それはディレクターがええと言うたからやと言うてくれ」

しかし技術のスタッフは、まさに精密さにこだわってメシを食っているわけで職人肌である。破天荒な要求に衝突も起きかねなかったが、番組のプロデューサーである大北禎昭がもともと坂本スミ子のレコーディングなどを担当していた技術畑出身ということもあり、上手く収めてくれた。

カメラは四台あって一カメから四カメまで役割が決まっていた。それについてもカメラマンに「鶴瓶はどう動くか分からんぞ。そこから先は応用問題や。この番組はカメラワークも含めたライブのゲームなんや」と伝えた。

田中は番組のラストも普通に終わらせない。『突ガバ』観て、ああええ番組やな、感動したなんて思わせたない。共感や感動なんかさせるかい。最後は全部笑いでひっくり返すんや」

エンディングはそれまでのスタジオ収録のコーナーから突然、生放送に切り替わることにした。街中に鶴瓶が突然予告なしで出没して生中継する「突然生放送」で毎回終わらせる。

これこそまさに「異化効果」を狙ったものだった。

それまでのバラエティーの常識をブレヒト仕込みの前衛理論で打ち破った田中文夫の「突然ガバチョ！」は放送開始直後から視聴者に破壊的なインパクトを与え、その後、関東での放送も決まり、鶴瓶の全国進出のきっかけとなっていった。

「突ガバ」の構成作家のひとりにかわら長介という奇人がいた。原色の衣服を好んで着用し、やがて世俗や一般人との関係を断ち切るかの如く背中一面に牛の刺青を入れていく。その覚悟が風貌に滲み、存在自体が異彩を放っていた。

かわらのバックグラウンドがまた異色だった。高校卒業後、一度は就職するものの向学の志を止み難く、故郷の国立岐阜大学を受験して入学を果たす。この学生時代に水俣病を告発した石牟礼道子の『苦海浄土』を読み、その内容に震撼する。産まれたばかりの赤ん坊から老人に至るまで老若男女を問わず公害に冒された患者たちの悲惨さはもとより、有害水銀の工場排水を垂れ流し食物連鎖による最悪の中枢性神経疾患を引き起こしながらもその非を一切認めようとしない大企業チッソ、国策会社の傲慢と利益主義に驚き憎悪したのである。

補償交渉にも応じようとしないチッソ側は瀕死の患者たちに対して補償金ゼロ回答を示す。そのときの患者の言葉。

「銭は一銭もいらん。そのかわり、会社のえらか衆の、上から順々に、水銀母液ば飲んでもらおう。上から順々に、四二人死んでもらう。奥さんがたにも飲んでもらう。胎児性の生まれるように。そのあとに順々に六九人、水俣病になってもらう。あと一〇〇人ぐらい潜在患者になってもらう。それでよか」

読了後、かわらはひたすら悔恨の情に襲われた。

「これまで学校や社会では誰も俺にこういう大切なことを教えてくれんかったなあ」

その悔しい思いから、自主講座「公害原論」を催した東大助手の宇井純や有機水銀中毒の研究で水俣病を告発し続けた熊本大学の原田正純医師の論文を読みまくった。

「こんな酷い現実があるんや、国や企業はこんなことを平気でするんや」

卒業後、その反骨がかわらをアナーキーな笑いの世界にいざなった。大阪に居を移し、「上方芸能」の編集部を経て二〇代のころから、夢路いとし・喜味こいし、横山やすし・西川きよしらの漫才台本を書き続けた。やがて量産していくコント台本は才気走り、エロとアナーキズムにあふれていた。

作家の資質として特筆すべきはかわら自身がスカトロ趣味であり、無類の巨乳フェチであったことである。街で巨乳を見かけるとそれが己の義務であるかのようにあとをつけてナンパをせずにおられない体質であった。あるとき、ロケの集合場所に向かうために梅田から御堂筋線に乗った。待ち合わせは隣の淀屋橋駅であった。ところが、車中にGカップ級の女性がいた。かわらは声をかけようとしたが、傍らには母親らしい女性がいる。無頼の徒でありながら極度の人見知りの男は二人きりにならないとアプローチができない。

電車は目的の淀屋橋に着くが二人は降りない。かわらも降りない。こういうときは問答無用でロケよりも巨乳の尾行が大事になるのだ。眼中にはもう二人しかない。「はよ、降りひんかな」。なんばを通過し天王寺を越えても降りない。ようやくあびこで下車をした。改札を出てもかわらの追跡は続く。しばらく歩くと母親が公衆電話ボックスに入っていった。「今や！」

ダッシュをしたかわらは一人になった女性に声をかけてナンパに成功する。そして結局、同衾してしまう。悠々とロケの現場に向かい仕事に戻った。かわらはこの手の伝説には事欠かなかった。あるスタッフは、ロケハン中に巨乳を発見して京都の北白川にまでついて行ったのを聞いたと言い、あるときはふらふらと奈良でキャッチアップしたのを目撃したと言う。かような人間が書く企画が「狂気」に満ちていないはずがない。

かわら長介は放送のコンプライアンスがより一層、厳しくなった二一世紀になっても同じく毎日放送の「？マジっすか！」という番組にこんなアイデアを出している。

「漫才のコンビが二人でやる『絆』っていうゲームを考えたんですわ。まずビー玉くらいの大きさの玉を用意してそれにすごい長い紐をつけて、コンビの片方が飲みこむ。それは消化されなくて、何日かしたら尻から出てくるんですわ。で、それをずーっと引っ張って玉をきれいにして、まあきれいにするかはどうでもええけど、もう一人の相方が飲みます。ええ、紐は手術用のやつやったら無害やって確認とってます。それでまた何日か経って肛門から出てきたやつを最初に飲んだ奴の口から出てる紐に結びつけてついに『絆』の完成。そういうのを考えたんですよ。これはコンビがいつも一緒におらなあかん。特に最初に出てきた玉を二人目が飲みこんだあとは紐の長さも限界があるから、風呂もトイレも一緒ですわ。日常どれぐらいの支障になるのかはやってみんことには分からんけど、めっちゃおもろいやんと思って企画会議に出したんですわ。うわ、どうなるんやろう、と乗ってくれるディレクターもいたんですけど、プロデューサーがテレビでやるには無理やって、却下ですわ。貴様、何考えとんねん、これおもろいやんけボケ！　と思うて」

田中文夫はそんなかわらの資質を当時こう見ていた。

「大人の放送作家なら自分にやりたいことがあっても、このプロデューサーはこのくらいの予算を組んでるし、ディレクターはまとめをこう考えている。だから落としどころはここらやな、と塩梅をはかる。けど長さんは一切せん。実現できるかどうか考える前に、今までやったことのないもん、面白いもん、自分の好きなもんを常識を振りきって出してきよる」

かわらは「突ガバ」で鶴瓶の弟子、笑福亭笑瓶のコーナー「笑瓶ショータイム」を担当することになった。裸の笑瓶を四つんばいにして地下鉄の自動改札の機械に見立て、口から切符を入れて尻から出させる、といういかにもらしいネタをいくつか輩出していくことになるが、一回目の企画は八神純子に扮した笑瓶が「パープルタウン」を演奏し、サビの部分で振り向いてその顔のインパクトで笑わせるというオチだった。

田中はしかし、この振り向き方がどうにも気に入らず、何度もダメを出した。それは理屈の問題ではなく感覚的なものだが、結局番組が始まって四回目にようやくオンエアされた。その意味で田中は完璧主義者でもあった。

「突ガバ」は番組のすべてを田中が司り、彼がOKをするまではどんな小さなパートも動かなかった。企画会議もまた同様であった。田中は自身を「俺には男の感性しかない」と客観的に見ていた。自分にはない女性的な視点を求めて構成作家を招集し、面白いと思うアイデアが提案されるまで徹底的に議論は続けられた。企画の猛者たちが山のようにプレゼンをしてもめったなことでは田中はOKを出さず、そのため練りに練られた会議は毎回徹夜になり、ときに体力勝負の修羅場と化した。

ある日の会議だった。会議室の壁際に誰も見たことのない若者たちが神妙な顔をして座っていた。制作会社の新入社員たちが研修の一環として見学にきていたのである。田中は一瞥もせず進行しだした。「突ガバ」の会議は戦場である。新人を気にかける暇などなかった。

議題は次週の「突然生放送」に何をやるかということに移っていった。先述したようにこのコーナーはラストに鶴瓶が予告なしでどこかの街中に現れていきなり中継をしだすというもので、田中がこだわる異化効果を番組全体に向けて放つ重要なパートであった。「つるベタクシー」や「テレビにらめっこ」といった緻密に練りこんだ構成の流れを、最後に、何が起こるか分からないリアルタイムの映像でひっくり返す。安易な共感や感情移入で番組が締められるのを拒む田中のダンディズムとも言えた。

問題は「突然生放送」でどこで何をいきなり中継するかであった。鶴瓶の前でハプニングが起これば好ましいが、それをあざとくなくどういう設定で仕掛けるのか。

いくつかの提案がなされるが、「それはこの間もうやってるな」「アイデアが古い」「もっと変わった発想でできへんか」と田中が却下していく。

多くの構成作家、タレント、ＡＤが居並ぶが、主に発言するのは田中と鶴瓶、メインライターの寺崎要だけであった。田中はだんだん焦れてきた。

「他にアイデアのある奴はおらんのか？」

番組制作の経験のある奴がこれだけおってなんで自分の意見を言おうとしないのか。かなりの沈黙が続いた。そのとき。

「はい！　すんません！」

手が挙がった。

「誰や、お前？」「いや、会社の研修で現場見学に来てる者です」「なんや、見学者か」

「はい、突然生放送なんですけどね。こんなんどうでしょ」。制作会社の新人で、まだ会議では部外者のくせに物怖じしない奴だった。田中はとりあえず聞いた。

「なんや？　言ってみろ」

「あのまず、瓦が何枚か外に積んであるんですよ」

「そんで」

「カメラがまずそれをアップで映すんです」

「そんで」

「そこからパーッとカメラが引きだすんです」

「そんで」

「まわりの風景が見えてきたら、鶴瓶さんが中継して『さあ、ここはどこでしょう。この瓦を一番最初に割りにくるのは誰か！』とやるんです。場所に気づいて早くやってくるのを競争さすんです」

田中は説明を聞くと速かった。

「おもろい！　よし、それ来週やる」

こいつ分かっとるやないか。即決した。

「お前は何という奴や？」

「倉本美津留です」

翌週、この企画が「突然生放送」で採用されてオンエアされた。カメラが瓦から引き始めるや否や、暗闇の中から次々と人が現れて駆け寄ってきた。俺の家の近くや！　と気づいた視聴者が予想を遥かに超えてたくさんいたのだ。倉本のテレビの初企画はこうして研修期間に決まった。

ＡＤ時代「信じる まず自分を」

研修が終わって倉本がＡＤとして早々に会議に出ると、当時最もスタッフに恐れられていたプロデューサーの大北禎昭にいきなり風貌を叱られた。

「こらっ、なんや、お前！　新人のくせにクソ生意気にヒゲ生やしとんのか。モジャモジャで偉そすぎるやろが。剃ってこんかい」

しめた、と思った。休憩時間にトイレに行くと、口ひげの右半分だけ剃って何食わぬ顔をして再び着席した。大北は会議中にその顔に気がつくと、一瞬驚いた表情を見せたが、すぐに笑いだした。おもろい奴や、と可愛がってくれた。

倉本は「突然ガバチョ！」の座組みの中では一番あとから入ったスタッフであったが、会議で仲間のＡＤが誰も何も言わないことに我慢ができず、仲間を集めては事前に話し合いを持った。若手は会議室など借りられないので公園のベンチに集合をかけて青空の下でのミーティングを自発的に開いた。

「なあ、田中さんもアイデアや意見を欲しがってはんねんで。俺らも出さないとあかんやんか」

「次の指摘マン、どうしたらええんかな。考えようや」

「ほんだらこれどうや」

「ええやん、それ。次の会議にそのネタ持っていこうや」

経験がなくてもおもろいもんを出したらええんやとハッパをかけた。しかし、これが逆に顰蹙を買う要因にもなった。

学生時代にバンドを一緒に組んでいたドラマーのワダがこのころ、倉本からアルバイトの誘いを受ける。一日限りの収録の手伝いであった。やってみてすぐにその厳しさとキツさに驚いた。

「俺がこの業界で働くことは絶対に無理やな」。ワダにしても、表現活動に対する理解もそれにともなう重労働を厭わない根気強さも持っている人間だった。しかし、その現場にあったのは体力的な問題だけではない。理不尽な暴力がまかり通っていた。

倉本がついた先輩はよくわざと人前で部下や後輩を殴る男だった。怒鳴ったり暴力を振るったりすることで自身の存在を周囲にアピールするタイプだった。段取りや仕切りが悪いと容赦なく手を上げられ、蹴飛ばされた。

倉本は元来が人の命令を聞くのが嫌いで幼少のころからただ人の言った通りには動きたくない性格である。指示をされることに慣れておらず、これやったら俺のやり方でやったほうがもっとおもろなるやろうという考えが常にあるので躊躇なく変えてしまう。ディレクターの意図の通りにきっちりと動くことがADの使命であるが、それをせずにアレンジを加えるので人一倍いじめられた。

あるとき、先輩が体調を崩し、入院したので代わりに関東の生放送の現場に行かされたことがあった。代役として番組に対するアイデアを出して精一杯盛りあげた。物怖じをしない性格なので演出の穴を見つけると遠慮なく指摘して出演者にも「こう変えたほうが面白くなりますよ」と伝えた。倉本の仕切りは好評でパーソナリティーも大いに喜んだ。

「面白かったよ。君は来週も来るんだよね？」

「はい、多分」

先輩の入院が長引いたので続けて翌週も行くとまたも企画の斬新さがウケて評価された。レギュラーが不在の間、自分のオリジナリティーを出した上で会社としての責任もきっちりと果たした。ところが、先輩が復帰した最初の会議のときだった。会議室に集まる前に呼びつけられると、いきなり思いきり平手で張りとばされた。バチーンとものすごい音がしてメガネが吹っ飛んだ。

「お前、何を俺の現場に勝手に行って勝手なことをしてきたんじゃ！」

自分が留守の間に倉本が評価を受けたことが気に食わなかったのである。当の本人に穴埋めに行ってくれと言われて行ったにもかかわらず、勝手な行動をしたことにされてあとはもうメチャクチャだった。

「お前は俺が築いてきた信頼関係を崩しやがって！」

その怒鳴り声と物音の激しさに局の守衛が驚いて飛び出てきたほどだった。それでも何も言えない。面白いものを作ろうとすればするほど邪険にされるこの不自由さが嫌で仕方がなかった。

倉本はときに投げやりになったりしたが、それが結果的に段取りを崩して思わぬヒットを生むこともあった。カルーセル麻紀が司会でアシスタントがやしきたかじんの番組があった。当時のたかじんはまだブレイクする前で、カルーセルの友人の歌手ということで推されて起用されていたが、台本通りに話すスタイルに合わなかった。

それは、たかじんをもうそろそろ代えようかという話が会議で持ち上がった次の週の回であった。生放送の二元中継で、同じビルのスタジオと地下のパーラーで行う麻雀大会を並行して放送することになり、倉本は麻雀大会のほうにＡＤとしてつかされていた。大会が終わり、タレントが聞いてきた。

「終わったんで、もうええよな。帰っても」

全体の流れを把握することさえ投げやりになっていた倉本は「はい、いいですー」と帰した。しばらく経つと上のスタジオから、インカムに催促がきた。

「おい、まだ上がってこんのか？」

「えっ、何ですか」

「お前、次のコーナーは皆が上がってきてそこでまたトークするんやろが」

「えーっ、皆帰りましたよ」

「アホ！　上でやることなっとんじゃ。どうすんねん！」

結局、スタジオのカルーセルとたかじんで残りの時間をつなぐことになったのだが、アドリブになった途端、たかじんは水を得た魚のように本領を発揮してスタジオを爆笑の渦に巻きこんだ。予定された進行が崩壊して自由になったときこそが本物のやしきたかじんだった。その回が終わると、たかじんのレギュラーは不動のものとなり、これを機会に関西テレビ界で飛躍していく。倉本の独断がなければたかじんの面白さに誰も気がつかなかったかもしれない。

殴られ、蹴られして一年が経つと、田中が言った。

「お前はADをもう辞めて作家になれ。お前は作家のほうが向いている」

「作家ってなんですか？」

「お前は会議で意見をぎょうさん言うやろ。あれや。お前がやってるのは作家やから。それでええんや。お前はもうそっち側の仕事だけしたらええんや」

他のスタッフは理不尽さに気がついていた。そして田中は倉本の本質を見抜いてくれていたようだった。

いつでも長髪でひげ面で、腰に手ぬぐいという服装を変えようとしない倉本に対して田中は年賀状に「君は全共闘世代みたいで、それがいいんだ」と書いてきてくれた。田中はやはり自分の世代に忸怩と誇りの両方があったのかもしれない。

夜はクネクネ「ノープランという創造」

テレビに異動を命じられた毎日放送の三村景一は嫌で嫌で仕方がなかった。

「ラジオに比べてなんちゅう不自由な世界や」

アドリブが満載の「ヤングタウン」を担当していたディレクターからすれば、テレビ番組は進行の落としどころをあらかじめ決められたつまらないものに思えて仕方がなかったのである。現場にまかり通る体育会的な気質も肌に合わない。

「テレビのスタジオは決めごとがありすぎる」

すべてが嫌で早くラジオに戻りたいと思っていた。

そんなとき「突然ガバチョ！」が始まった。先輩の田中文夫から、「鶴瓶と新番組をやるんやけど、一緒にやらんか」と言われてメンバーに加わった。当初、ADとしてフロアをやるのかと思っていたら、田中は「お前はサブ（副調整室）に入れ」と言う。

「えっ、僕はサブなんかやったことないですよ」

「いや、別に経験とか関係ないねん。そういう番組を作ろうとしてんのと違うんや」

驚く三村に田中は説明しだした。

「あのな、サブって独特の空気があるやろ？　お前もようあるやろ、生放送やっていて内容は別に面白くもなんともないのにな、時間がどんどん押してきてギリギリで焦りだして騒がしくなって、最後にTK（タイムキーパー）が絶叫して、『はい、最後スタッフロール、どーん！』『はい提供、どーん！』とか言ってその瞬間に生放送が尺に入ると、スタジオに称賛の拍手が起こってまう現象」

「ありますね」

「俺はもうほんまあれに耐えられへんのや。おもろいこともすごいことも何もなかった放送やのに生の尺に入ったというだけで身内で拍手して喜んでいる。もういったいなんなんや」

「なるほど。あれこそ、ほんまの身内の予定調和ですね」

「そやろ、サブにおることで麻痺してくるんや。俺はそんな変な空気感がたまらなく嫌なんや。だから別室でずっとモニターを見て演出に集中してる。で、お前は悪いけど代わりにサブで段取りをやってくれ」

こうして田中と三村の間にホットラインが結ばれた。

本番収録中に田中から三村に冷徹な指示が出る。「あかん、スタジオは沸いてるけど、おもろない。今んところ使えるところがないぞ」。サブにいないので空気に囚われず、客観的な判断ができるのだ。「指摘マンのハガキ、あと何枚用意してあんねん？ まだ一枚しかおもろないぞ」。受ける三村は「分かりました。残りのハガキを全部出します」とインカムでフロアに指示を出す。新しい演出の試みはきれいに連動していった。

そしてもうひとつ三村が担当したのは先述した番組のラストの「突然生放送」のコーナーだった。「突ガバ」は前の週の収録編集分とOA日の生が一緒になって一本となるのである。これは何よりもアドリブの対応能力を必要とする。スタジオで「つるべタクシー」「テレビにらめっこ」やコントを収録しているが、必ずしも毎回面白くなるとは限らない。

「つまらないもんを無理やり放送するのは失礼や。それやったら削ってその分、生の迫力を生かそう」

田中は収録映像が面白くないと見ると編集でどんどん削っていってしまうので、五〇分の放送のうち生の時間が一〇分以上に膨らむこともあった。

「つるベタクシー」のゲストに淡谷のり子がきたときである。いつものように正対せずに同じ方向を向いたままのインタビュートークだったが、大御所の登場に緊張した鶴瓶が途中思わず「先生」と呼びかけてしまったのである。

「あかん！『徹子の部屋』になってまった」

鶴瓶自身が最も批判していた「顔を見てしまって気を遣て近づけないインタビュー」である。田中は大幅なカットを決断した。

これで生のパートが一気に一五分になった。逆に収録分が濃いと生は二分だけというときもあり、三村にはその場に応じた反射神経が要求された。

定番のスタジオ収録分がありながら必ず最後に生の中継が入り、それも尺が何分になるかは毎週変わるという実験的なスタイルははじめての試みであった。一定で流れてきた秩序を壊すその演出（だから異化効果なのだが）は、最初は視聴者にも戸惑いがあった。実験を自覚していたからか鶴瓶は第一回の放送時、いきなりラストに生で登場した際、その理由を「ははは、ディレクターの田中が編集に失敗しよりましてん」と笑いから入った。短く切りすぎたんで尺が余って仕方なく出てきましたよと、突然の文脈の破壊に理由をつけて軟着陸させせたのだ。しかし、やはり慣れてくると、収録に生を合体させたこの斬新な演出は大きなパワーを生んでいく。

一週間前に収録したスタジオ分が放送されると画面が外に切り替わり、「はい、ここから生放送です。発表です。さっきまでのコーナーで使われたハガキの最優秀は秋山さんです。電話してみましょう」。当時、まだ珍しかった車内電話でロケ車から秋山さんの家に電話をする。

「秋山さん？　観てくれてた？　最優秀賞やで、おめでとう」

「観てました！　めっちゃうれしいです！」

「ほんなら、今、記念品を渡しに行くわー」

「今て？」

「こんばんは」

「えーっ！」

鶴瓶はすでに秋山家の近所にスタンバイしていたのである。事前に下見はしていても、もちろんリスクはある。突然のカメラの訪問にパニックにならないか、マイクは通るか、ご近所の迷惑具合はどうか、もしかすると時間が遅いので本人が着替えていて出てこないかもしれない等々。生だけに放送が切れてしまったらどうするのかという議論もあった。しかし、テレビの可能性はいったいなんやと自問したときに、「切れてしまってもそれが『映すべき現在のリアル』ならええんやないか」というポリシーが田中たちにはあった。それも含めて生やないんか。

実際、やらせも仕込みも想定されたオチもない映像のダイナミズムと迫力は何にも代え難かった。

ラジオに戻りたいと思っていた三村にとって「突然生放送」の現場は衝撃的であった。テレビでもこんなことができるという希望を持つと同時に演出家としての初期衝動を大きく刺激された。

だから深夜の枠に「突ガバ」の他にもう一つ新しい番組を作ろうという話が持ち上がったとき、三村は即座にプロデューサーの大北に提案した。

「その深夜の時間帯に『突然生放送』みたいに生で繁華街のラーメン屋にオープンスタジオを作って放送したらどうですか」

毎回、大阪の深夜のラーメン屋を舞台に転々とする生放送をする。ゲストが突然、ラーメンを食べに現れて、食後にいきなり語りだしたり、歌いだしたりする。普通に営業している深夜のラーメン屋で展開されるディスクジョッキー番組である。当然ながら、有名歌手や俳優が街中の小さな店に現れてそれが放送されれば周辺もパニックになる。大量の人が集まってくるだろう。「そのときは！」と三村は力説した。

「ラーメン屋の内や外にどんどん人が来てパニックになると、次はその人らをスタッフが広場に誘導するわけです。同時にサブから音楽をかけて『非常にパニック状態になりましたのでみなさんに移動していただいている様子をお楽しみください』とナレーションで言うわけです。それでもどうにも収まらなかったら千里のＭＢＳ（毎日放送）の本局からブザーを押させて制作局長の『番組の途中ですけれどもやはりこの企画は無理やったみたいでここで中止します』というあらかじめ撮っておいた局長のお詫びの画を流して、そっからは別に作っておいたフィラー（つなぎ番組）を放送するわけです」

無演出の出たとこ勝負で始める。ある意味では「突然生放送」の逆のバージョンとも言えた。街中から生で放送を始めることで街に対して違和感をもたらす、揺らぎだしてもいけるところまでいき、アウトになったら収録分につなぐ。

「それはやってみないと分からんけど、何が起こるか分からんだけ、面白いんやないか」

「突ガバ」の社員スタッフたちは大いに乗った。三村は関西の生放送が可能なラーメン屋をリサーチしだした。ところが途中でストップがかかってとん挫してしまう。深夜の過重労働ということで労務管理的な観点から、社内で反対の声が起こったのである。

「田中さん、悔しいですわ。あの企画はＶＴＲでやっても意味ないですよね」

三村が千里の喫茶店で愚痴ると、じっと考えていた田中は、

「それなら、ＶＴＲでそのコンセプトで近いもんを考えようや。うーん、こういうのはどうや」

「どんなんです」

「大阪の環状線の駅から駅の間をタレントとカメラがただずっと歩き続ける。犬も歩けば棒に当たるやないけど、そこでいろんな人に話しかけたり、話しかけられたりして何かが起こる。祭りをやっとるかもしれん、道路工事しとるかもしれん、大売り出しや野球の試合やっとるかもしれん、ハプニングやアクシデントも含めてそれを全部撮る。次の駅に着いたら終わり」

「駅から駅までなんの仕込みもなくただ歩き続けて何かに出くわしたもんを撮るんですか？　そんなんテレビで観たことないなあ。でも、面白いかもしれんな」

「何が起こるか分からへんけどな」

「たしかに番組として成立するかどうか分からないんでシミュレーションして撮ってみましょう」

当時は高性能の軽いカメラがなく、一インチのＶＴＲの機材を乳母車に乗せて街に飛び

出した。

レポーターはあのねのねの原田伸郎と、三村がかねてより音楽番組を一緒にやりたいと思っていたアナウンサーの角淳一に頼んだ。局の一〇年先輩でもある角は当初、乗り気ではなかった。「テレビってのは久米宏みたいにもっとシュッとした人がやればいいんや。僕はラジオで生きていくから」。角もまた三村同様にテレビの不自由さに大きな不満を持っていた。

「現場で『傘を出せ』と言われてADが出した傘が開かなかったら、タコ殴りにされるようなテレビの気質ってなんなんや？　傘が開かなかったらそのほうがおもろいやんけ」

だからテレビはつまらないというようなことをよく口にしていた。「いやいや、違うんです。僕はテレビでディスクジョッキーをやるということに挑戦したいんですよ」。三村がラーメン屋DJの企画から今に至る経緯を話して説得すると、「そうか、そういうテーマなんか」と了承してくれた。

「どうせ、パイロット版やから放送せんでしょ。ほんならとことん遊びましょうや」

三村は角とカメラマンにラブホテルに行くことを提案した。「行こう、行こう」と二人も乗った。

小雨が降る中、天王寺生玉ラブホテル街に向けてぶらぶら歩いて行く最中、何人かの女の子のグループに声をかけた。大阪では原田や角を知らない者はいない。

「何してんの」

「いやあ、角さんやん」

「今からな、僕らテレビで生玉のラブホテルを見に行くんやけど一緒に行かへん」

「えーっ、うそーっ」

「君ら行ったことあるの？」

「ない、ない」

「ほんなら社会見学やん、一緒に行こう」

きゃあきゃあ言いながら合流して現場に着くと、三村は「僕、中に入れてくれないか頼んできますわ」。三村がホテルの受付で交渉すると、放送されないパイロット版ということの気楽さもあり、意外にあっさりとOKが出た。喜んで入り口に戻ってくると、角が何やらインタビューを始めていた。

「いやわあ、こんなんテレビに撮られたら入られへんやん」

「いやいや、傘で顔を隠してくれたらええねん」

カップルだった。角の指示でカメラもすでに回っていた。自分の傘の影に隠れながら、「えーほんまにこれで映らへん」「映らへん、映らへん、ちょっと話し聞かせて」「なんやの、しゃあないなあ」「いつもここ利用してんの?」「うん、いつもここ」「そうなんや、なんでここなん」「住んどるところがね……」。女性のほうが中心になって受け答えをしているそのやりとりを見て三村は、「あっ、これはイケるかもしれへん」と考えた。ディレクターの自分がいなくても街場の人の日常の自然な切りとりができている。ディレクター不在でもできるということは当初の狙いであった無演出での成立を意味する。

「入室OKですよ! 許可もらいましたで」「やったあ」。ついてきた女の子も一緒に皆で乱入する。

入室した途端、原田は喜んですっぽんぽんになった。「こういう部屋なんやな」

角はまだじっとしている。メガネが曇る。娘がいる父親としてのインタビューを受ける。

「角さんも風呂入らへん?」

ぼそぼそと答える。

「入りたいなあ、けど入られへん。ほんまやな伸郎、入れたらええなあ」

やがて外に出て撮影終了。編集ではエンディングにキングトーンズの「グッナイベイビー」をかけ、手書きのスーパーで「毎日放送社員　角淳一　アナウンサーの限界」という文字をどーんとかぶせた。こんな自由な番組ができましたあ、と社内試写にかけたら管理職やら営業からぼこぼこに袋叩きにあった。

「何を考えとるんや、俺がこの娘の父親だったら嘆くわ」

「でもホテルを見に行っただけやないですか」

「お前、この娘を自分の娘やと思って考えてみ」

「分かってますよ」

「出てくる女性が全部、お前の娘やオカンやと思ってやな」

（そんなことは分かっとんじゃ！）

ラブホテルに対する耐性のなさからくる部分では散々な評価であったが、あえてノープランで街に飛び出すことで市井の人たちとの新鮮な出会いの現象が撮れるということが示されて、企画にＧＯが出た。

三村は番組タイトルをつけるにあたり、かわら長介に相談した。

「長さん、『突ガバ』の『生放送』のコンセプトでこんなん始めるんですけど、何かないですかね。なんの仕込みもせずただ街に飛び出してあっちこっち行って出会いを紡ぐんですわ」

かわらは内容を聞いて、一遍の詩を書きあげた。

詩中にあった一節が目にとまった。

――夜はクネクネ、あちらへこちらへ

「これで行きましょう！　タイトルは『夜はクネクネ』」

「夜クネ」を立ち上げて作り続ける上で、三村にはぜひともスタッフに加えたかった人材がいた。倉本美津留である。「突ガバ」のADとして働きだした倉本はその風貌からして目立っていた。ダルマの画が描かれた日本手ぬぐいを腰に下げ、黒のカーディガンを着こみ、水中ゴーグルのようなメガネをかけて現場を走り回っている。それでいて雰囲気だけで発言する作家が多い中、しっかりと企画を書くこともできた。何かおもろいことあるか？　と聞かれると、「俺の頭の中ではいつもおもろいことあります」と返してくる若手の唯一のスタッフであった。その面白さはいつもシュールで尖ったものだが、時折ベタなロマンも内包している。「この新番組に倉本を参加させたいなあ」。三村はチームに引き入れた。

出演は原田、角、そしてトラブルが起きたときの用心棒としてNSC（吉本総合芸能学院）を卒業したばかりの新人で元ボクサーのトミーズの雅が起用された。

「夜クネ」の現場はかわらの詩の通りあっちもこっちもクリエイティビティーに満ちていた。当初はただ行き当たりばったりでインタビューした人から面白いものが出てこなかった場合はどうするのか、という心配をする関係者も少なくなった。しかし、名もない市井の人たちが自分の過去や現在を語りだすと、作家スタッツズ・ターケルの描く人間たちのようにそこには必ずドラマがあり、杞憂であることが分かった。船着き場で四時間後に熊本に向けて出る船をじっと待っている老婆、広場で野球に興じる青年、札幌と奄美大島にそれぞれ住みながら、中間の大阪で待ち合わせをする遠距離恋愛カップル……、一期一会の出会いでこそ掘り下げられる街場の人間ドキュメンタリーがそこにはあった。

かわらが言った。

「人間ひとりに必ず一つネタがあるんや」

「大阪の街を信じよう」というその気概から、ひたすらランダムに歩いた。「先週は本町でビジネス街やったから、今日は下町を狙って長居にしよか」。都島、長居、日本橋、北浜、梅田、本町……。出会いは突破力のある原田が、そして別れは局アナの安定感のある角が担当した。必ず何かが起こった。ここで三村と倉本は技術スタッフからテレビを学んだ。

繁華街で美男美女の二人と出会ったときであった。

「あら、若い素敵なカップルですねえ。デート中にすんませんねえ」

「いいえ、もう結婚しているんです」

「ええ、そうなんですか」

ラッシュフィルムを見ると、女性が結婚と言った瞬間、カメラはその薬指にズームして指輪を捉えていた。

あるいは夜、下校途中の女子高生に出会う。

「あっ、いつも見てますよ」

「ありがとう。学校の帰りなん？」

「はい。私の家、この山の上なんです」

「ほんならそこまで送ってあげるよ」

「えっ、お母さんが迎えにくるんですよ。今ごろこっちに向かってると思います」

「あそう、どんなお母さんなんやろな。ほんならこの道まっすぐ行ったらどっかでお母さんに会えるんや。絶対びっくりするやろな」

その刹那、音声は走りだした。迎えに行った娘が「夜クネ」のタレントと一緒に現れたときの母親の「ええっ、なんやの！　あんた何してんの！」という声を録りたい。しかし、原田や角の後ろで控えていては無理だ。先回りして坂を下りてくる母親の後ろに回りこむ必要があった。逆にカメラはいつもはタレントの顔を映すために正面のポジションから後ろ歩きで捉えていたが、このときは母親の驚く顔を捉えるためにあえて三人の後ろに回ってバックショットにした。

マイクとカメラの距離が瞬く間に離れたのは同時に意図を共有していたからである。

三村は「こいつらは本当にすごいな」と心底感心していた。徒弟制度が根強く残る技術の世界では段取りがすべてを支配しているような保守的な空気がある。しかし、「突ガバ」の現場でもそうであったが、このときのスタッフは前例のないことも柔軟に行っていた。

一方、三村も編集では自らの演出を曲げようとしなかった。テレビに慣れてくると、音楽好きの嗜好として、一つの強い言葉、あるいはオチをきっかけにして曲のイントロをぶつけた。あるとき、つなぎながら「ここから、曲ね」と指示を出すと、音声が「えっ、こっから音楽ですか」と声を上げた。当時は編集室にカメラマンも音声もいたのである。

「なんや？　なんか問題あんの？」

「いやいやいいです」

「そんなん言わんと一応参考のために教えてや」

「あのう、実はこのあと、ものすごいノイズが高いところがあるんですよ。そこをノイズを抑えて録れたんでやった！　と思ってたんです」

（そんなもん、関係あるかよ）

それぞれがプライドをかけて、既成のテレビのあり方を壊して新しいものを作ろうとしていた。

カメラマンは「夜やから、ファーストカットは夕陽から入ります」というベタな提案は絶対にしないし、演出も「月が出ているから月から入ってカメラ振り下ろしてキュー」とは死んでも言わなかった。

最初は腫れものに触るかのように扱われていた新番組であったが、ギャラクシー賞を受賞してから会社の扱いも一気に変わり、東京のテレビ局からも注目されだした。

ある有名な制作プロダクションの幹部からこんな質問を受けた。

「なるほど、『夜クネ』はパーソナリティーの主観に頼って、なおかつ偶然の出会いに頼って面白く回していくけれども、それが上手くいかなかったときの、あるいは街中でトラブルに巻きこまれてケンカにでもなったときの制作責任はどこにあるんですか」

三村は予想もしなかった質問に一瞬言葉をなくした。

番組が始まった当初、スタッフは皆、原田と角が街ゆく人に声をかけるたびにその人物に面白い背景がありますように、と祈っていた。しかし、そんな心配は途中からしなくなった。すべての人は何かを背負っている。それは全部面白い。その映像を使うのか使わないかは主観の問題かもしれないが、たとえオチがなくとも人生はそうではないか、それが視聴者にも受けいれられたから大きな支持を得たのだ。準備をしない、作りこまない、自然の面白さこそが「夜クネ」の生命線だった。三村がエンディングに似つかわしい曲を入れようとすると田中が「お前、自然が命のこの番組に音楽なんか使うのはもってのほかやないか」と論争を挑むほどだった。

やる前からネガティブな要素を思いつくままに挙げてひるんでいたらここまで辿りつくことはできなかった。

「そんなことを言うてるから、東京ではおもろい番組を作れまへんのや。僕らは大阪の街を信じているし、面白くないことは一回もなかったですよ。そもそもが編集やなくて生でやりたかったんですから」

熱くなって話しこむと、最後に幹部は感銘を受けたようで、こんなふうに言った。

「なるほど、キー局のやり方だと、コップを用意しておいてそれが割れたら『なんで予備を二個、三個準備しておかないんだ』と叱られるけど、大阪は『一個なくなったらそれがやっぱり現実なのだから、そこから何かが生まれるということを信じてやったほうがいい』という発想なんですね。むしろ東京のマニュアルを全部否定したところから番組を作っているから新しいんだと分かりました」

溜飲が下がる思いだった。

この、カメラがノープラン、ノー演出で街に飛び出して自然に観察した事象を差しだすという「夜クネ」の手法はのちの「鶴瓶の家族に乾杯」「世界ふれあい街歩き」「ドキュメント72時間」などの番組に受け継がれていったと言えるだろう。

権威ある賞を受賞した上に視聴率も良好で、番組は順調に続いていったが、三村と倉本は常にテレビはどうあるべきかを議論をしていた。

大阪港の弁天埠頭に行ったときのことである。老婆がフェリー乗り場でポツンとひとりで佇んでいた。いつもの要領で原田が声をかける。「おばあちゃん、どこに行くの」

「これから実家の熊本に帰るとこですねん」

「えっ、熊本て。船着いてないやん。出航は……、まだ四時間もあるやんか！」

「へえ、四時間くらい平気ですわ。座っとるだけですさかいに」

「そうなん」

老婆にとっては喫茶店や買い物で時間を潰したりする発想はハナからないのであろう。ただひとりで大きな荷物を脇に置いて四時間、待合所の椅子にじっと座って船が来るのを待つ。その行為自体が老婆がどのような半生を生きてきたかを物語っているようである。

原田は独自の聞き方でその半生をあぶりだそうとする。

「おばあちゃん、最後にキスしたんはいつごろやろ」

「ははは、知らん。そんなん忘れた」

原田が「ほな、記念に三人でしょうや」、角が「ええっ、よしてえな」と言うのも構わず、キスが決行される。時代はちょうどポラロイドカメラが出たばかりであった。三村が携帯していたその新兵器で瞬間を撮影して、即座に渡すと、素朴な老婆は目を丸くする。「えええええええっ、もう写真できたん?」。年配者が知らないテクノロジーの登場は一歩間違うと傲慢な印象を与えてしまうが、原田と角が放つ雰囲気で決して嫌味にはならない。優しい交流ができた。「おばあちゃん、気をつけてね」

番組としてはこれで一つネタが成立したので別れを告げて埠頭をあとにした。

倉本と三村はここで同じ疑問を持った。

「テレビで映すべきはこっからやないのか?」ということである。四時間待つおばあちゃんと一緒に船を待って座り続けるその姿を捉えることこそが、おばあちゃんを描くことやないのか。我々はおばあちゃんを最後まで見届けて送るべきやなかったのか。覚悟を決めて船が出るまでおらなあかんかったんちゃうんか。ええ人に出会えた、ポラロイド写真に驚いてくれた、オッケー、次に行こうっていうのはええんか。

人気が出てきたことで、こちらから声をかけなくとも原田や角の姿を見つけると「いつも観てますよ」と駆け寄ってくる集団が増えてきた。

すごく良いネタを持っている女の子と出会って、奥行きの深いインタビューが撮れている最中に中年女性のグループが寄ってきたことがあった。

「ちょっと、観てるよー」「がんばってやー」

というその歓声を抑えるために人差し指を口に当ててシーッと制止している自分たちに気がついて、強烈な違和感を持った。

「これ、この女の子とおばちゃんと出会う順番が逆やったらどうなんや？」

「こういうそこに普通にいてる人に静かにしてくださいっていうテレビの段取りって俺らが一番嫌やったことやったんとちゃうんか？」

「なんでおばちゃんにシーってやらなあかんねん」

二人にとってこれはショックな出来事だった。

「夜クネ」はどこへロケに出ても人がわさわさと集まってくるようになってしまった。

人との偶然の出会いを必然に変えて市井の人間が背負っている背景を可視化していくその番組は予定調和を排して始めた。それにもかかわらず、人気が出てしまったことでいつの間にか偶然の出会いが定番の出会いになり、寄ってくる者を排除しないとやれない状況になってしまった。

「突ガバ」がそうであったように、あらかじめ撮りやすいところに対象を座らせておくのではなく、謙虚にカメラ自身が動いて撮りに行っていた。しかし街中にあるカメラにはもう向こうから人がやってくるようになってしまった。

やがて番組の終わりが近づいてきた。三村は倉本に言った。

「なあ、『夜クネ』の最後に何かメッセージを視聴者に向けて書いてくれへんか」

倉本は、少し考えてから、短い詩を書いた。番組に出てくれた人々、番組を見てくれた人々に対する感謝の言葉を連ねた。そしてそのラストに力強い一行を持ってきた。

「今日をもって僕らは街を歩くことをやめます」

三村はそこに自分たちが精魂込めて作った番組を自らの意志で封印する決意を感じとった。いろいろ考えた末、最終回ではあえてこの詩を使わなかった。しかし、今でも三村はこの一行を忘れられずにいる。

「夜クネ」は倉本のものづくりの基本となった。

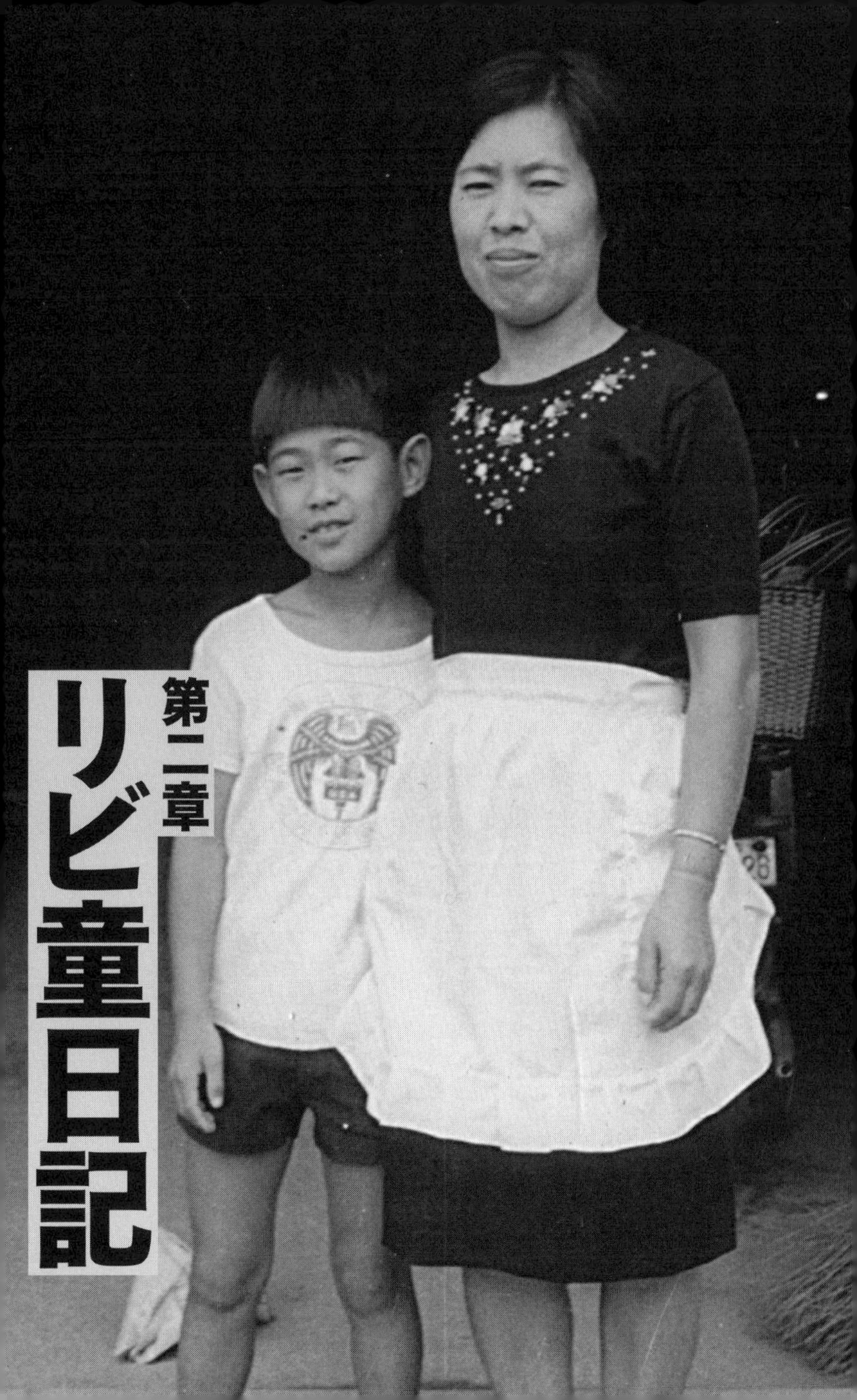

第二章
リビ童日記

作曲家

「ほうじゃ、みつるちゃんじゃ、いよいよじゃあ、きんさい」

親戚のおじさんが箸で茶碗を叩きながら、呉弁で呼んだ。ひっくり返したビールケースの上にみつるが飛び乗ると、おとなたちは焼酎で赤くなった顔で「おおっ」と歓声をあげて拍手をした。みつるはにこにこしながらおじぎをする。おもむろに口を丸めてお腹の底から声を出した。大好きな歌だ。

「うーえをおむういて、あああるこううをう」

手拍子がはじまった。

「なみだがこぼれないよおおに」

祖父が興した鉄工所で働く人たちはみな陽気だ。すぐに和して大合唱になった。みつるの声は幼いながらも音程もはずさないでよくとおった。

「ひとおりぽおっちのよる」

二番を歌いだすころにはちり紙で包んだお金がバラバラとビールケースに向かって飛んできた。おとなたちは宴会になるといつもみつるに歌を歌うようにねだった。中には背中や腕にいろんな図柄を描いている人もいたし、指が五本ない人もいた。しかし、みつるはいつもかわいがってくれるこの人たちをこわいと思ったことは一度もなかった。

みつるちゃんは歌がうまいけえのう、歌手にしたらどうじゃろう。親戚一同、広島の呉から大阪の住吉に引っ越してきてはじめた鉄工所なので、中で話される言葉はなまりが抜けず、故郷のそれのままだった。

はうよ。まだこまい四歳やのに、外で歌っても近所のおひねりだけでわしらの日当くらい稼ぎよるけえのう。人気もんじゃ。歌手にしんさいや。

母親の美奈子はみなに言われてなにか、その気になったようで、みつるを幼稚園のオルガン教室で学ばせることにした。

入学してみると、男の子はひ弱そうな子がひとりだけであとは女の子ばかりだった。

「ひいてみましょう」

と先生が言った。

「お父さんの指から、ド、レ、ミ」

オルガンの先生は基礎から教えようとして、片手しか使ったらいけません、と言った。こどもたちは右手だけでひきだした。ド、レ、ミの音がひびく。みつるはしばらくやっていたが、だんだんいやになってきた。言われたことをそのままやるのがいやなのだ。

もううまい子はいて、片手でスムーズに音階をかなでる。それもくやしかった。こんなことでだれかがうまくて、自分が下手でと順番をつけられるのがゆるせなかった。

だれかが先生を呼びにきた。

「すぐに戻りますから、そのまま練習を続けていてください」

教室からいなくなった。その途端、みつるはいきなり両手を使ってひきだした。

みんなはびっくりした。

「えー、みつるちゃん、両手でひけんの？」

「ひけるよ、そんなん、押したら音出んのやから」

「それ、なんていう曲？」

習っていないはじめてきく曲だったからだ。

「これはな、ぼくがいま、つくったんや」

めちゃめちゃな曲だったが、得意だった。

「すごいやん。曲をつくれるんや。両手もつかえるんや」

「つかえるよ」

やったー。とみつるは思った。言われたことはできへんからなにかはかのことをやったら、おとなは怒るけど、ともだちはびっくりしてよろこんだ。これやあ。

習ってなくても曲はつくればいい、両手は使えばいい。それだけのことやん、とみつるは思った。

ハト

みつるの家族は大阪の住吉区に住んでいた。家の近所には毎月四のつく日に出る夜市があった。だから、四日、一四日、二四日の夜になるとしょっちゅう兄と出かけた。ある日のこと。のぞいた古本屋で一冊の奇妙なマンガ本を見つけた。『日本奇人伝』というタイトルの短編集で、表紙がなんとも奇天烈だった。大きな布を全身にまとった男がこどもから小石を取りあげてすましている。パラパラとめくってみるとそれは「空想石」という物語の一シーンだった。その小石をもつと楽しい空想が浮かぶのだ。

「この石は俺がさがしていた石。空想こそがわしの幸福になくてはならぬものなのじゃ」

と布男がこどもに向かって力説している。

そのふしぎな世界観にとりつかれるように、買って帰って読みはじめた。むずかしい漢字も多かったけれど、ふりがながふってあったのであっというまに夢中になった。

「なんやこれ、メチャクチャおもしろいやん」

中の「ハト」という作品に釘づけになった。こんな話だ。

ちかごろの道徳は乱れている、となげいている親がいた。うちの息子はぐうたらで父の肩を揉もうともしないし、母の手伝いもしない。碁を打ちにきた友人がそこでアドバイスをする。

「それならハトを飼わせなさい。生き物を自分で育てるとこどもを育てることの大切さがわかる。孝は百行のもとと申しますからな」

ほう、と思った両親はぼんやりしていたこどもにハトを与えて世話を命じた。飼いはじめると、なるほど責任感が芽生えてどんどんマジメになっていった。

「お父さん、肩を揉ませてください」

「お母さん、なにか買ってくるものはありませんか」

息子はそうじはするし、犬と猫のケンカを仲裁するし、日ましに善行を積んで徳を高めていった。

しかし、成果が出たとよろこんでいるのもつかのま、そのうちにまじめさが度を超しはじめて親のなまけた態度までしかるようになった。

「お父さんとお母さんはどうして毎日ブラブラ下らぬことをしゃべっておるのです」

やがては、

「左手が悪いことをしたら切り捨てなさい。目の玉が女の人を見て色気を感じたらえぐりすてなさい」

こどもの道徳におびえてオドオド暮らすようになった。医者に診断をあおぐと、それは道徳病というものでハトがビールスを運んできたという。

お医者さんは言うのだ。

「道徳というものは世の中に必要なものですが、あまりありすぎると逆に迷惑しごくなものであります」

そこで両親はハトを逃がす。こどもは元の平凡な少年に戻った。

「道徳教育も軽々しく口に出せませんなあ」

「どこへ出しても感心なこどもになるよりは平凡なこどものほうが私はいいと思いますよ」

めでたし、めでたし。

みつるはなんかわかるわあ、と思った。

「まじめってなんなんや。人間これくらいがええんやなあ。アホなぼんくらは愛すべきもんなんや」

一〇歳にも満たないときに読んだそのストーリーをみつるはいつまでも忘れずにいる。

「ハト」の作者は水木しげるといった。

リビドー

四歳のころから女の子が大好きだった。男のきょうだいしかいなかったからなのか、あるいは家で働く職人さんたちもほとんどがごついおじさんたちばかりであったからなのか、女の子はかわいくて小さくてまるで別の生きもののように思えた。みつるはなんとかしてそのからだにさわりたいと、幼稚園ではそのことばかり考えていた。あるとき、良い方法をついに思いついた。

「おはよ」

「おはよ」

「あれ、顔あかいで」

「え?」

「ねつ、あるんちゃう」

「ほんま」

「わあ、からだもあつい」

襟元から手を入れてオッパイをさわった。

家ではかくれて、お父さんの買ってきた週刊誌のカラーグラビアを見ていた。そしてはげしく興奮していた。みつるは四歳にしてこの衝動に素直に従おうと心に決めた。そして女の子にモテたい、と痛切に思った。そのためにはどうするか。

「目立つことや。女の子にモテるためにはまず目立つんや」

と決心した。

潜在意識

小学一年生のときに兄が変わったマンガ雑誌を部屋にもってきた。ガロと書かれた表紙をめくっていくと、少年が水平線を背にして腕を押さえている。彼はつぶやいてもいる。

「まさかこんなところにメメクラゲがいるとは思わなかった」

メメクラゲに刺されてしまった少年がお医者さんを探して茫洋とひなびた港町をさすら

う。きつねのお面をかぶった少年に蒸気機関車に乗せられたり、金太郎あめをつくっている生まれる以前のおっ母さんにであったり、死の恐怖とたたかいながら、最後は女の医者に手術をしてもらう。

「このマンガはいったいなんなんやろう」

みつるは不条理な話の展開に興奮した。

つげ義春の代表作『ねじ式』の初出だった。

みつるにとっては生まれてはじめてのシュルレアリスムとのであいだった。

リアリズムの大家・木村伊兵衛が撮影したアイヌ人知里高央をモデルにした中年男性の独特の構図や、千葉県の太海漁港を舞台にしたスケッチ。不条理なセリフの数々。

「きみはこう言いたいのでしょう。医者はどこだ」

「それは○×式を応用したものです」

意味はまったく不明だ。こんなものに六歳の少年は心をうばわれてしまった。女医さんとふとんの中でまぐわうシーンでは性的な衝動にとらわれた。

「夢なんやな、これは。自分の夢をこういうふうに現実にかくのがええんや」

みつるは中学生になってダリの絵を見て同じことを思うのだが、このときはまだ知らない。ただただ『ねじ式』の世界をまんじりともせずに見入っていた。

ゴキブリを殺さない

みつるは漢字で美津留と書く。男の名前で美と留がつくのはめずらしい。なんでこういう文字がついたのか。お母さんは言った。

「みつるは三男じゃけど、生まれる前に長男が交通事故で亡くなったんです。テレビの人形劇『チロリン村とくるみの木』が大好きな子じゃったんですけど、四歳と七ヵ月で路線バスにはねられてね。ほんで長男が亡くなって三人目が生まれるとなって、私はもう女の子がええ思うて、ピンクの着物を縫って用意してたんですよ。縫いものは、姑さんにいじめられんようにて和裁も洋裁も習い事させられてましたから得意じゃったんです。ほうしたら、また男の子でしょ。そいでもう、私が美奈子という名前やから、女の子のようじゃけど、私の美をつけたいと思うて、それで美津留にしたんです。

はいじゃからかねえ、あの子はやさしゅうて、争いごとが大嫌いな子でした。私と次男は性格が似とるからか、よう口ゲンカするんですよ。家の中でどうしてもだんだん声が荒くなる。そうするとね、みつるが、また母ちゃんと兄ちゃんケンカしてるって、もうやめてよーって言いよるんです。ケンカを見るのもいやじゃったんでしょうねえ。私は勉強も基礎ができないとダメじゃと思うから、予習復習をこどもにさすようにしてました。兄ちゃんはきちっと勉強していましたから、成績も良うてオール5でね。でもみつるはいやじゃったらしくて、カバン放ってそのまま遊びに行ってました。ただ、ひとつだけね、字は大事じゃからいうて、漢字を毎日二〇字ほど、私がカタカナで書いて問題にして置いておくと、それだけはやっていました。

やさしすぎるくらいやさしい子じゃったけえ、生きものもかわいがってねえ。道を歩いとって捨て猫やノラ猫を見ると必ずひらってくるんです。生まれたばっかりの見つけると、箱に入れてスポイトで牛乳を飲ませたりね。みつるは、おとなになったら、猫の部屋をつくって猫をたくさん飼うと言うてました」

虫も殺さない、という言葉があるけれど、みつるは本当にそうだった。台所でゴキブリが出ると、はやく逃げい、母ちゃんがくるとたたかれるぞ、と言ってかくまっていた。

ごはん

肉と魚がまったく食べられなかった。なぜかというとそれぞれ、かたいところとやわらかいところがあって、かんでいるうちに味が変わっていく、それがなにか信頼できないと思ってしまうのだ。パンやごはんは味がどこもいっしょ。でも肉はちがう、そう思うと口にできなくなってしまった。野菜も嫌いなものが多かった。何も食べられないので、牛乳を飲んで、あとのおかずはぼんちあげとのしいかとチキンラーメンばかり食べていた。

お母さんは勉強についてはとても厳しい人だったけれど、ごはんについては手間ひまかけてつくったものであっても、いややというみつるに無理に食べさせるようなことはしなかった。家でもそんなかんじだったから、学校の給食は牛乳とパン以外はほとんど残していた。まずアルマイトの食器がいやだった。みつるはとても繊細な神経をもっていて、歯が食器に当たってカツンとひびく感覚に耐えられなかった。給食の茶碗はカネやから、ばくはいやや、とよくお母さんに言っていた。

「ほんなに嫌いやったら、無理して食べんでもええよ。でもそれで自分が正しいと思ったら、それを口に出してはっきり言う子にならんといけんよ」

とお母さんは言った。

お母さんは自分がこどものころとても内気でいじめにあってもなかなか声に出せなかった。そのことでいじめられたこともあったのだ。ある日、習字の時間に学級当番にわざとすずりになみなみと水を注がれて墨がすれないように意地悪をされた。そのときはがまんできずに大声をあげた。

「だれですか、こんなに水を入れたのは。これですれるいうんならすってみてください！」

お母さんはいつもおとなしい少女と思われていた。だから、まわりのいじめっても驚いてそれからぴたりといじめはやんだ。

そんな経験をしていたから、自分のこどもたちには、だれさまの前でもまちがいやと思うたら、発言しなさいと言いつづけた。

クラスの中でみつるの机の上だけはいつも給食の時間が終わっても手つかずのおかずが残っていた。先生はそれを見て毎日、

「なんでも食べなさい、食べんと大きくなれんよ」

としかっていたが、みつるは、

「なんぼそう言われてもぼくはいやなもんは食べん」

と断っていた。

給食の時間が終わってもずっと居残りをさせられて、掃除の時間になっても一人机に給食を置いて座らされていた。

ある日のこと、先生は、

「みつるくん、なんでも食べんとね、かしこくならんのよ」

と言った。

みつるは少し考えてから言った。

「先生、はんならひろみちゃんはなんでかしこくないんや」

思わず先生は吹きだしてしまった。ひろみちゃんはふくよかな女の子で人気者だったが、勉強は苦手だった。

「先生、ひろみちゃんはなんでも食べるし、なんべんでもおかわりするけどあんまりかしこくないんは、あれ、なんでや」

こんな調子でおこられるのをかわす方法を覚えていった。学年があがっても同じように給食は食べずに残しつづけた。やがて、もうこいつはしゃあないなあと先生も思いはじめ、結局みつるが給食を残すのはゆるされるようになった。同級生からはいじめられるどころか、倉本は意志をつらぬいてかっこいい、とまで言われるようになった。

教室大喜利

学校が大好きだったから、一年生のころからほとんど休まずにかよった。担任のおがさわら先生にもおがさわらさん、やちえさん、というふうに名前で気安く話しかけていった。ちっとも先生と呼ばないみつるを、この子はしゃあないなと苦笑しながら、やちえさんは仲良くしてくれた。そのうちみんなが尻ごみする職員室にも出入りするようになった。ガリ版刷りの機械を借りて勝手に新聞をつくったりした。

ある日、みつるは、

「こんどの授業はぼくにやらして」

と先生に言いだした。

やってみたいことがあったのだ。少し前に奈良に家族で行ったときのこと。東大寺で見た運慶・快慶の金剛力士像に心の底から圧倒されたのだ。目の当たりにしたら、からだの中を衝撃が走った。

「なんじゃあ、これ!」

異形のものにとにかく惹かれた。妖怪マンガや怪獣映画も大好きだったから、円谷プロがつくるウルトラシリーズの怪獣図鑑ももっていたけれど、それ以上の迫力を感じたのだった。この世に存在しないものなのに、まるで見てきたようなリアルで迫力ある造形、それも何百年も前につくられたという。

「だれやこれつくったん！」

自分で調べてみると、運慶いうやつがおって、その弟子に快慶いうやつがおる。

「運慶快慶って、なんやこの漫才コンビみたいなんは！」

図書館で本を借りたり、本屋で立ち読みしたり、調べて調べて調べまくった。気がつけば人間の想像したものが、七〇〇年以上のときを経てこんなにも力強く残っているということに感動していた。みつるには自分がおもしろいと思ったことを人に伝えたいという欲求が生まれながらにそなわっているようだった。運慶快慶というコンビがどんなやつかというのを絶対にクラスのみんなに知らせなあかんと心に決めたのだ。そのためには自分が授業をやる必要があるんや。

先生は、

「そうか、それならやってみい。サボれるからちょうどええわ」

と笑いながらまかせてくれた。

模造紙を買ってきて家で教材をつくり、授業で使った。

「七〇〇年以上も前にな、運慶と快慶というやつがおってな、奈良の東大寺が戦争で焼けてな。こいつらが四天王という仏さんをつくることになったんや」

大成功だった。

みつるにとって学校はステージで、授業は大喜利だった。先生が冗談を言って同級生が笑っているところに、ちがう角度からつっこんでその笑いを自分のほうにもってくるようなことをよくやった。先生や他の生徒がとろうとする笑いはあまりに幼稚すぎてくすりともできなかった。ドヤ顔をしているのを横目に、頭を高速回転させて、ひとこと放りこんでオセロのようにひっくり返すのが気持ちよかった。

中学の理科の授業で教師が、「いま、見せたゴム動力の車とゼンマイ動力の車の速度の差についてどんなことが言えるか？」という問題を出したことがあった。

「倉本、どうや？」

「ゴムのほうが好きですね」

正解よりも笑いが大事だった。

クラス全員の名前でカルタをつくったり、ともだちのあだなを変えてしまうというのもよくやった。こどもだから、ニックネームも名前をモジるものが圧倒的に多かった。渡辺さんならナベちゃん、岡田くんならオッカンだ。そんな中、みつるは人物のキャラクターからつけていった。あだな芸を小学生のころからやっていたことになる。おとなびていて、欲がなく、どこか、カスミを食べているような寺田というともだちがいた。みつるが「おい、仙人」と呼ぶと、なるほど、こいつはたしかにそうだな、とみんなが納得してしまった。それからクラス全員が「仙人」と呼びだした。そうなってくると、こんどはみつるは逆に飽きてしまう。

「こいつら、すぐなんか、同調するなあ」

「仙人」が流行りだすと、逆にみつるだけが「寺田」と元に戻して呼びだした。そしてまた新しいあだなを考えるのだ。

交通安全週間

小学五年生になると倉本一家は同じ大阪の交野《かたの》市に引っ越すことになった。モテるために新しい学校でも目立つことを考えた。生徒会の副会長に立候補したのだ。とてつもなく大きな自信があった。それは、「おれよりもおもろいやつはおらん」という自信だ。絶対にこの学校でトップをとると思っていた。転校してまもなく、ともだちもいない。言ってみれば地盤も知名度もないのに、選挙演説の圧倒的なおもしろさを武器に当選してしまった。

交通安全週間になると枚方警察から署長さんがきて、交通規則にまつわるいろんなもよおしをおこなってくれた。授業のかわりにイベントに参加できるので生徒も盛りあがった。最後に署長さんが講話をしてくれたので、副会長がお礼のあいさつをすることになった。

先生が朝礼台の脇にみつるを呼んだ。

「倉本、いいか、ここで話すのはな……」

署長さんへのスピーチの指導をしだした。失礼がないように、それはいつも生徒に対してなされていることだった。

みつるはなにかかたい空気をぶつけられたような気持ちになった。思いきり手をふりはらうと、壇上にあがった。勝手に話しだした。校庭は広くてたくさんの生徒がいた。感じたことを熱心に言葉にした。礼儀正しい言い方ではなかったかもしれないけれど、署長さんは笑って聞いてくれた。ぺこりとおじぎをして朝礼台から降りると先生に言った。

「センセイ、なんで横からあんなこと言うのん。これはね、こどもからのあいさつなんやから。ぼくが署長さんにあいさつするのにおとなの先生が横から言うてそれをそのまま言うたら、こどものあいさつにはならへんでしょう」

おとなはくやしそうな顔をしていた。

六年生になったときだった。この先生が道徳の授業を受けもった。差別の話がのった本がくばられて、先生がその文章を読んだ。それはこんな話だった。主人公にとても仲の良いともだちがいた。親友だった。けれどもある日、そのともだちの出身地が被差別地域だったということがわかる。主人公は悩んだ結果、関係を絶ってしまう。自分のことを信頼してくれたともだちを捨ててしまうのだ。

先生は言った。

「おい、倉本、いまの話を読んでおまえはどう思う」

いつもなにかあると必ずみつるが手をあげて意見をたくさん言うことを知っていた。

「絶対におかしいと思います」

話の内容に腹が立っていたから余計に力を込めた。

「そんなん、なにがあろうと、ともだちはともだちや。どこで生まれたとか関係ない。大事なんは、そいつがどんなやつかっちゅう話やから、ぼくはこの主人公のようなことは絶対にしません」

生まれや親の仕事なんかでなんで差別されなあかんのか、そんなんでともだちをやめるのは最低やと思っていた。

ところが先生は言った。

「はんまか、おまえ」

ねっとりした声で。

「口ではそんなこと言うてるけど、はんまにそういうことになったら、絶対におまえはこいつと同じ行動をするわ」

くやしかった。

「いや、ぼくはそんなことしません」

意地でも負けまいと思った。

「人は自由やないといけないですよ。ぼくも自由やし、みんなも自由やし、なににもしばられへん自由なもん同士のつきあいがあります」

先生はみつるを否定するために、そんな簡単やないぞ、とみなの前で言いはじめた。でも逆に毅然とした態度にやりこめられてしまった。すると、こんどは真っ赤になってお母さんを家から呼び出した。職員室で三人になると、ぷんぷん怒りだした。

「倉本くんをお母さんはどんなふうに育てられているんですか。こう自由自由て。自由をかさにきるというか、声高に言う。お母さんはそんなに自由に育てているんですか」

みつるの家は全然自由ではなかった。それどころかおかんはメチャクチャ厳しかった。

長男を不慮の事故で亡くしてから人一倍、教育熱心な母親になっていた。勉強もスポーツもがんばりんさいといつも言われていたみつるは小学校二年生のときに図画工作で両親の顔を描く課題が出たとき、にこにこ笑顔のお父さんの横に赤鬼の顔を描いたくらいだった。やちえさんにクラスで、「お母さんを好きな人は手をあげて」と言われてもひとりだけ、挙手しなかった。どうしてと聞かれると、「だってうち母ちゃん、般若やもん。そっくりやで」と説明していた。行くのを禁止されていた大和川に黙って遊びに行ってそれがばれたときにはさんざん、お母さんにたたかれた。たたかれながら、「なんでいかんというところに行ったの。その理由を言いなさい！　理由を！」としかられつづけた。

「理由ってなんや」

とみつるは思った。

「理由、理由、理由、りゆう、りゆう、りゆう」

行きたいから行ったのだ。理由なんてわからなかったのでだまっていたら、ますますたたかれて目の前を小さな龍が飛んでいる幻覚が見えてきた。

それだけ厳しいお母さんだった。だから、逆にお母さんは先生に憤慨した。学校には以前から腹に据えかねることがあったのだ。六年生になるとみつるは当然のように児童会の会長に立候補して当然のように演説がうけて当然のように当選していた。しかし、学校行事の前になるとどこからか「今年は会長があいさつをせんことになるでしょう」といううわさが立ち上った。そのとおり、運動会も学芸会もなぜかみつるははずされてほかの生徒が壇上に立って開会宣言をしていた。かわりにやらされるのが、ルールの説明などのトークに独創性の出しづらい役目だった。先生たちには、あいつに話をさせると余計なことをしゃべる、危険なこどもだと思われていたようだった。お母さんはこのことこそ職員室で抗議したいと思っていた。通知表まで影響して音楽にまで2をつけられていたのだ。お母さんはみつるが、歌だけは小さいときから上手にだれの前でも歌えることを知っていた。

「なんでですか。うちらが引っ越してきたよそもんじゃからですか」

大きな声を聞きつけて校長先生が駆けてきた。

そして「ついにこられましたか」とつぶやいた。自分たちの行いがおかしいことはわかっていたのだ。

みつるは会長としての自分のあつかいに不満を言ったことはなかったから運動会でも淡々とルール説明をした。でもお母さんはこどもを差別されることがゆるせなかった。

「運動会はいままでは毎年児童会の会長が必ずあいさつしていたというじゃないですか。それがどうして今年から変わるんですか。転校生じゃからということですか。自分の言葉で話すからですか。なんでそんなあつかいするんですか。こどもは平等にあつかってください」

みつるは赤鬼として描いたお母さんをじっと見ていた。

ビートルズと和気

「いったい、これはなんや」

お兄さんがレコードをきかせてくれた。その音楽に圧倒された。あたらしく、なつかしく、シンプルで複雑で、ハチャメチャで美しく下品で、ステレオのスピーカーからその音のかたまりが飛びでた、その瞬間から夢中になっていた。それがビートルズだった。早熟だったみつるはこども心にもだれもやったことがない実験を彼らがやっていることに気がついていた。次にショックを受けたのは、このすごい四人組はどうやらすべて自己流で、音楽を学んだこともないということを知ったときだった。

「なんや、勉強なんかせんでもええんや。母ちゃんはいつも勉強せえ、勉強せえ、と言いよるけど、せんかてこんなすごいやつになれるんや。おれは決めた。もう絶対に勉強なんかせん」

それから本当に勉強をしなくなった。

中学に入学すると自己紹介でさっそく、ビートルズについて語った。ところが、クラスの連中は反応が鈍い。みな、知らなかったのだ。

「これは知らんとあかんやろ」

と憤った。みつるはせっせとテープに楽曲を吹きこんでは配りまくった。良いものに出会うと、とにかく多くの人間にそれを知らせたくてしょうがないのだ。この啓蒙活動はずっと続いていく。中学三年になるとともだちのナカムラとマツイと三人でバンドを組んだ。三人組なのにバンド名は「株仲間五人組」というものだった。まわりのバンドはみなコピーバンドばかりだった。そんな中、オリジナルでないと意味がないと考えていた。

「人がつくったもんをどんだけうまく真似してもそれだけのもんやんか。おれらはおれらで自分でつくろうや」

株仲間五人組の演《や》る曲はすべて自分たちでつくることにして、詞も曲もほとんどみつるが担当した。

高校進学の時期が近づいてくると、ナカムラが言った。

「おれと倉本の行く高校って別々やろ」

「そうやな、残念や」

「うん、でもな、おまえの行く高校におれのともだちの和気っていうやつが行くねん。画家の息子やねんけど、そいつ、めっちゃおもろいやつやねん、絶対倉本に合うと思うで」

ナカムラは新しい環境でみつるのおもしろさをわかるやつをわざわざ紹介してくれたのだ。

「そうか、ほんなら高校に入ったら、そいつ探してみるわ」

入学すると同じクラスにはいなかった。名前を頼りにさっそく探しに行った。和気はすらりとした男前だった。

「ナカムラのともだちの和気って自分？　おれ倉本っていうんやけど」

突然の問いかけだったが、男前は気さくに答えた。

「ああ、知ってるよ。バンドのテープきいてるで」

和気もナカムラからおもろいやつが行くと知らされていたのだった。そしてみつるのバンドの感想をこう言った。

「あんたすごいな」

和気は株仲間五人組の曲をおもしろがってくれていた。素直にうれしかったし、麦太郎といういっぷう変わったその名前も気に入った。彼の父親は和気史郎といい、「苔寺」「流水の孫次郎」などの作品で知られる高名な洋画家だった。

「遊びにけえへんか」

と言うので和気の家に行った。

瀬戸内寂聴は「和気史郎氏は情念の画家。美しい色彩と、詩情に富んだ画面構成は、何を描いても、あふれる詩魂で鬼気を帯びている」と「月刊美術」に書いているが、家に遊びに行くとそこは本当に詩魂であふれた空間だった。

外観からしてぐちゃぐちゃのおばけ屋敷のような状態で、庭の石膏像にはツタが絡まり、周囲の草はぼうぼうと無秩序に生え繁り、いたるところにおかしなオブジェがたくさん置いてあった。高校生のみつるから見ると和気のお父さんは鬼気迫る奇人でお母さんもまるで幽霊画のモデルのような人だった。

「ステキや。おれの理想や」

和気の家庭を特別に気に入ったのは、そこにいるすべての生きものがすごく自然にふるまっているところだった。人間の家族のみならず、勝手に住みついているノラ猫も、その猫にとりついているノミもみな自由が許されていた。

「おれはおれで、猫は猫で、ノミはノミなんや」

と和気はいつも言っていた。ノラ猫はいつも家に上がりこんで好き放題していたし、それに寄生するたくさんのノミもそのまま跳ねまわっていた。何度かまれてもだれもそれらを一切、駆除しようとしなかった。

幽玄画を描く画家の息子でおばけ屋敷に住んでなにものにも縛られず、猫でも虫でも自由にさせている。ナカムラの予想したとおり、そんな和気と仲良くならないはずがなかった。そうなるといっしょにやることはひとつ、バンドだった。和気は画家の父親の影響でピアノとギターを基礎から学んでいた。

「うわっ、おまえマーサ・マイ・ディアとかふつうに弾けるんか」

和気の演奏はとてもうまかった。しかし、作曲においてはみつるの独創性が圧倒的に勝った。

『オリジナルは音楽理論なんか関係ないんや。むちゃくちゃしてもええんやで」

セッションの最中にみつるは平気でノイズを入れたり、ラジオを鳴らしてそこに演奏で曲をかぶせたりした。それが和気にとっては新鮮だった。

「すごいなあ」

高校から大学へ進みながら、バンドは続けた。みつるはドラムに枚方のバイト先の本屋でいっしょに働いていた高校生のワダを誘い、ベースには高校でも一緒だったマツイを呼んだ。バンド名は狐のこどもの集まりという意味で「狐児院」とした。みつると和気は徹底的にだれもやっていないあたらしい音にこだわった。和気の父親が木曽の山の中に小屋をもっていたので、録音機材を運んでこもり、多重録音で曲をつくった。熱中していると雪が降ってきた。まわりは白くなって昼も夜も何日経ったのかもわからない、そんな時間をいっしょに過ごした。最年少のワダはスタジオに入るたびに、そんなバッキングのやり方があるのか、こういうアバンギャルドな曲のつくり方があるのかとわくわくして練習について行った。ワダは気持ちのいいリズムのときは若さゆえに全体のことを考えずに突っ走ってしまうことがあったが、そんなときはみつるに、

「ちゃうねん、この曲は、こういうグルーヴ感でやらなあかんねん」

と注意された。和気は思いついたらなんでもすぐにやるけども嫌いなことは何もしない自由人だったし、マツイは一歩引いてみなを見ているオトウサンだった。練習が終わるとみつるが考えたいろんなオリジナルゲームで遊んだ。例えばふだんは絶対に着ない奇抜な古着を着て京阪電車の各駅停車に乗りこむ。それぞれサイコロをふって出た目の数の駅だけ乗ってそのつど下車して、またサイコロをふる。バラバラになってもズルはしない。京都の三条駅にいちばんはやく着いたやつが勝ちというゲームなどなど。

メンバーがだれかの家でまったりとテレビなど見ていたら、みつるが、

「そんなことしてる場合ちゃうやろ。なんかゲームつくろ」

と立ち上がるのが常だった。

郵便はがき

料金受取人払

新宿局承認

739

差出有効期間
平成30年6月
30日まで

160-8792

864

東京都新宿区愛住町22
第3山田ビル 4F

(株)太田出版
読者はがき係 行

お買い上げになった本のタイトル：

お名前

性別 男・女

年齢 歳

ご住所 〒

お電話

e-mail

ご職業

1. 会社員
2. マスコミ関係者
3. 学生
4. 自営業
5. アルバイト
6. 公務員
7. 無職
8. その他（　　　）

記入していただいた個人情報は、アンケート収集ほか、太田出版からお客様宛ての情報発信に使わせていただきます。
太田出版からの情報を希望されない方は以下にチェックを入れてください。

☐ 太田出版からの情報を希望しない。

本書をお買い求めの書店

本書をお買い求めになったきっかけ

本書をお読みになってのご意見・ご感想をご記入ください。

＊ご投稿いただいた感想は、宣伝・広告の目的で使用させていただくことがございます。あらかじめご了承ください。

＊太田出版公式HP（http://www.ohtabooks.com/）でもご意見を募集しております。

音楽でも遊びでも実験的なことをやらないと意味がないと考えていた。

余はいかにして平和主義者となりしか

高校一年生のときだった。お母さんが商店街の抽選会でヨド物置を当ててきた。庭に置くというのでみつるは即座に提案した。

「そんなら、それをおれの部屋にしてくれ」

もう自分の世界ができていて、自由な空間がほしかった。お兄さんとひとつの部屋で生活するのは限界だと思っていたのだ。この要求は認められて、新たに組み立て設置された物置がみつるの新居となった。裏庭にはすでに犬を一匹放し飼いしていたのでそこにみつるは新しい住人として加わったことになる。物置は一畳ほどのスペースしかないのでコタツを入れてラジカセを置いたらいっぱいだったが、はじめての自分の部屋はうれしかった。電気はタップコードを伸ばして母屋からもらった。

一学期、中間試験の直前にこの物置部屋で一夜漬けのテスト勉強をしていた。みつるの勉強の仕方は、自分でまずテスト用紙をつくって少し時間をあけてから、それを解くというものであった。これは設問を考えることで二重に頭に入るという方法だった。夜もふけて午前四時をまわったころだった。

「ミャア」

と小さな鳴き声がした。

（あっ、猫がおる）

耳を澄ますともう一度聞こえた。

「ミャア」

声からして仔猫のようだった。会いたくて矢も盾もたまらなくなった。

ヨド物置を出た。すると庭にいた犬が遊んでもらえると思ってよろこんで飛びついてきた。犬には構わずに裏の空き地のほうに柵を乗り越えて行き、猫を拾おうとした次の瞬間だった。みつるよりも一瞬はやく、黒い影が走った。犬だった。あっという間もなく仔猫にガブリと噛みついていた。

「おいっ、なにをするんや！　やめろ！　やめろ！」

あわてて引きはがそうとしても野生に戻ってしまったのか、犬は頭を押さえつけようにも興奮していて口にくわえた獲物を放そうとしなかった。そのとき、犬という生きものは耳に息を吹きかけると口を開ける習性があることを思いだした。そのとおりにするとようやく放したが、もう仔猫の首には大きな穴が開いて血が噴き出ていた。さっきまでミャアと鳴いていた喉からは、カッ、カッ、と変な音が漏れるばかりだった。みつるは猛烈に自分を責めた。

（おれの軽率な行動でこんなことになってしまった。おれが出てこなければ仔猫は犬に気づかれず、襲われることもなかったのに。この仔猫の未来はまだまだめっちゃあったはずやのに、おれのせいでこんなに小さいのにもう死んでしまう）

カッ、カッ、という息を聞きながら、みつるは号泣した。

（せめて亡くなるまで見とどけるしかない。おれはいったいなんちゅうことをしてもうたんや）

仔猫が息を引きとる瞬間まで、一時間くらいだっただろうか、泣きながらずっと見ていた。なきがらは穴を掘って丁寧に葬った。

このときにみつるの考えは決まった。もともと、ゴキブリの命さえ守るような性格であったが、「人の傲慢で生きものの命を左右したらあかん」と痛切に思った。それから、社会を見る目が変わった。

（生きものが殺められるきっかけを作ってしまったことでこんなに自責の念に駆られるのに、なにかを殺すことを平気でするやつらがおるのはどういうことや）

蚊を叩くともだちがいれば、「蚊はおまえを殺さへんぞ」といさめた。もちろん人を殺す戦争には猛烈に反対する。あの仔猫のカッ、カッという苦しそうな息をいまでも忘れることができない。

ニューヨーク

高校卒業後、和気はジャズを専門とする音楽学校に通っていた。あるときニューヨークでジャズフェスティバルが開かれることになり、その学校がツアーを組んだ。

「おれ、おまえの学校と全然関係ないけどいっしょに行ってええか」

みつるが言うと、和気は、

「おお、行こ行こ」

と答えた。

「別に学校とか関係ないしな」

みつるはニューヨークに行くということでテンションが一気に上がった。正装しなくてはいけないと考えた。まず裁縫のプロの母に頼んで黒い忍者風のズボンをつくってもらった。次に浴衣の上半分を切って上着にした。ジーパン屋でバイトをしていたからあまりキレがふんだんにあったので赤い帽子を自分でつくった。赤い帽子に忍者スタイル、足には雪駄をはいて飛行機に乗った。大友克洋の『さよならにっぽん』さながらだった。そのいでたちでニューヨークを歩くとどうなったか。

モテた。ソーホーのブルーノートに行って、ディジー・ガレスピーを無断で録音していたら、スタッフの女性にとがめられた。


「あんた、なにしてんの」

「いや、ちょっと」

「本当はダメだけどね。あとで私にもコピーしてくれる。これ、私の電話番号」

赤い帽子に髭面のニンジャはどこへ行っても女性から声をかけられた。リビドーで動くみつるがますますテンションを上げていたら、事件に巻きこまれた。

中古屋で和気とギターを見ていたときだった。

「アー・ユー・ジャパニーズ？」

ふわーっと寄ってきた声の主は黒髪に黒い目をしていた。

「ああ、日本人です」

「えっ、しかも自分大阪なん？」

アクセントを聞きのがさなかった男は一気に気安くなった。

「オレも大阪やねん！　うれしいな。ギター買いな。まけたるで」

「はんまですか」

急激に親しくなった。中古屋の男は言った。

「今日、なにしてんの」

「いや、夜になったらうろうろしようかと」

「はんなら、夜にな今夜もう一回会わへん？　ええとこ連れてったるわ」

「ええですね。ええですね」

夜に再び待ち合わせてついて行った。男は薄暗いバーに入っていった。なじみの店らしく、くつろいだ様子で強い酒を飲み始めた。しばらく語らっていると不意に店の電話が鳴った。その途端、男はテーブルの上にあったろうそくの燭台をひっくり返してなにかを隠した。次の瞬間、ポリスが店内に入ってきた。しばらく見まわると、やがてなにかをあきらめたかのように店を出て行った。どうやら先ほどの電話は手入れを知らせる合図のようだった。

（うわ、危な！　こいつヤバイやつやん）

みつるが少し警戒し始めると、

「で、おまえら、女どうしてんの？」

「いや別に」

「あんな、めっちゃ安いところあるから、オレ連れて行ったるわ」

「行きましょう、行きましょう」

警戒し始めたのも忘れてくりだした。娼館でことが済んでカネを払おうとすると、男は、

「ええで、いらんわ。おごったるわ」

「いや、それは悪いですよ」

「ええって。それより、自分らどこに泊まってんの？　ホテル教えて」

宿泊先を教えると、

「そうか、ほんならまた明日も会おうや」

「はい」

言うだけ言うと反対側の道へ消えていった。翌日、電話がかかってきた。

「オレ、いまアパートにおんねん。また話したいしな、ふたりでちょっとおいでよ」

「行きます。行きます」

住所を聞いて忍者の姿で地下鉄を乗りついだ。

言われた部屋に入ると、男がいてあごをしゃくった。ガランとした殺風景な一室だった。

「まあ、すわりいな」

少しの間、椅子に座って四方山《よもやま》話が続いた。

ころあいを見たのか、男が会話の最中で突然、「ところでな」と言った。

「ちょっと持ち帰ってほしいもんが、あんねんけど」

きたあ、とみつるは思った。やっぱ、ヤバイやつや。大阪ってこいつのホームでもあんねんな。だからよろこんでたんかな。しかし、なんやろう、持って帰らされるもんて。覚醒剤か、武器か。いや、なんにしても犯罪の匂いが充満してるやんけ。

「いや、すんません。それはちょっと……」

勘弁してください、とぐずりかけた途端、男の態度が豹変した。

「おまえら、そんなことで済まされると思てんのかぁ!!」

いきなり机を蹴飛ばされた。ほんまもんのヤクザだった。

「座れ！」

それからは正座をさせられた。

「こら、ボケ！　カス！　殺すぞ！」

水をかけられるわ、拳銃を見せられるわ、恫喝が始まった。

みつるは和気とひたすら謝りつづけた。

「すんません、すんません」

それでも怒鳴りたおされていると、

「なんやねんな。騒々しい」

隣の部屋のドアが開いて別の男が出てきた。

先刻まで寝ていたらしいその男は、下着姿のままだった。

「なにを怒っとんのや。なにをやったんや、こいつら?」

中古屋男が昨日からの経緯を話すと、下着男は輪をかけて怒りだした。

「あかん、なんじゃそらあ、そんだけ世話になっとって、それは許せん!」

机をバンバン叩きだした。

「おまえらみたいなもん殺すんは屁でもないぞ。ブロンクスの空きアパートのバスルームで水死しとったってだれも何も言わへんぞ」

「すんません、すんません」

「おまえら、わしらをなめとったらえらいことになるぞ」

「すんません、すんません」

恫喝はなおも続いた。また水をかけられて、殴られた。

「ほんまに殺すぞ、おう」

結局、コカインを吸わされることになった。

みつると和気が一服すると、男は怒鳴り疲れたようだった。

「もうええ、仕方がないから、今日は帰したる。明日また来い。おまえら日本に帰る前にもう一回連絡するからな」

帰された。

翌朝。ふたりはさすがにヤバイと思った。

「今日、行ったらホンマにまずいな」

「ブツを渡されて巻きこまれるな」

電話しよ、ほんで断ろうとなった。

「あの、すんません。今日、ちょっと行けないんですけど……」

「おまえら、なに考えてんねん！」

中古屋の怒鳴り声は隣にいる和気にまでダイレクトで届いた。

「すんません、すんません。でももうニューヨーク一日しかないので、観光して帰りたいんです」

「関係あるかあああああああ、おまえらもう絶対殺す！」

そのまま電話を叩き切られた。

「どうしよう」

「怒ってたな」

「はんまに」

「どうする、どうする」

「謝りに行こうか」

「そやな」

行けないということで断りの電話を入れたのに、律儀に謝りに行った。

中古屋はプンプンに怒っていた。いきなり水の入ったコップを投げつけてきた。床に落ちたコップは派手な音を立てて割れた。それからは呪詛のように「おまえら殺す」「殺す」「殺す」としか言わなかった。

そこからひたすら謝りたおした。しかし来られないということを謝りにきているのだから、ふしぎな構図であった。

「今日、本当に来られないんですよ。すんません、すんません」

でも中古屋も「ここに来とるやんけ」とつっこまずに、ただ「おまえら殺す」としか怒鳴らなかった。「殺す」「すんません」「殺す」「すんません」という応酬がずっと長い時間続いた。謝り殺しだった。

数限りない謝りを全身に受けつづけて、中古屋は最後、根負けした。

「しゃあない。わかった。許したるわ。おまえらな、ほんまニューヨークいうところをなめんなよ」

「すんません、すんません」

「ありがとうございます。助かります」

「ああ、そやけどな。一個だけ問題あんねん」

「なんですか」

「おまえら、朝に電話をかけてきたとき、今日は行けませんと言われてオレ、キレたやろ」

「はい」

「そのあとにな、すぐに殺し屋に連絡してこのふたり殺《や》れ！　ホテルはここや！　ともう頼んでもうてんねん」

「うわっ、ははははっはっ」

「いまから電話してもう移動の途中やからつながらへんのや」

「ええっ！」

「おまえらそのまんままっすぐホテルに帰ったら狙われるからな」

「どうしたらええんでしょう」

「そろーっと帰れよ。様子見て様子見て。最終的に無事に部屋に着いたらな、五〇ドルくらいドアの下の隙間に入れとけ。そいつにその五〇ドルで許してもらえるように段取りしとくさかいな。よっしゃ、帰ってええぞ」

まっすぐホテルに帰ったら殺されてまう！

ふたりはうろうろと街中で時間をつぶした。

「そろそろ、ええかな」

「いや、まだあかんやろ」

怪しい路地を行き来して、ようやく日も沈んだ。

「そろそろ、ええかな」

「そうやな。殺し屋帰ったかもな」

あたりを気にしながらホテルに向かった。身を隠すようにロビーをすり抜けてエレベーターに乗りこむ。するとどこにいたのか突然、屈強な黒人が数人なだれこんできた。あっという間に箱の中は巨躯の男たちで埋まった。

（おおいーっ）

（これ、やばいんちゃうか）

あせったみつるは部屋のフロアのボタンをあわてて押す。

和気と、目で慰めあった。

(このごっついやつら関係ないよな)

(おれらとはほかの階で降りるよな)

ところが、だれもほかの階のボタンを押さない。冷や汗が出てきた。

チーンと音がして、目指すフロアに止まった。

助かったと思い、エレベーターのドアが開くと同時に歩きだすと、男の集団もついてきた。

「うわーっ」

部屋に駆けこんだ。

ドアロックを閉めて顔を見合わせた。

「いまのなんや」

「やっぱ、殺し屋や」

「どうする?」

「絶対だれがきても開けんとこな」

「とりあえず五〇ドル用意して入れとこ」

和気と訪れたニューヨークにて、忍者スタイルのみつる。

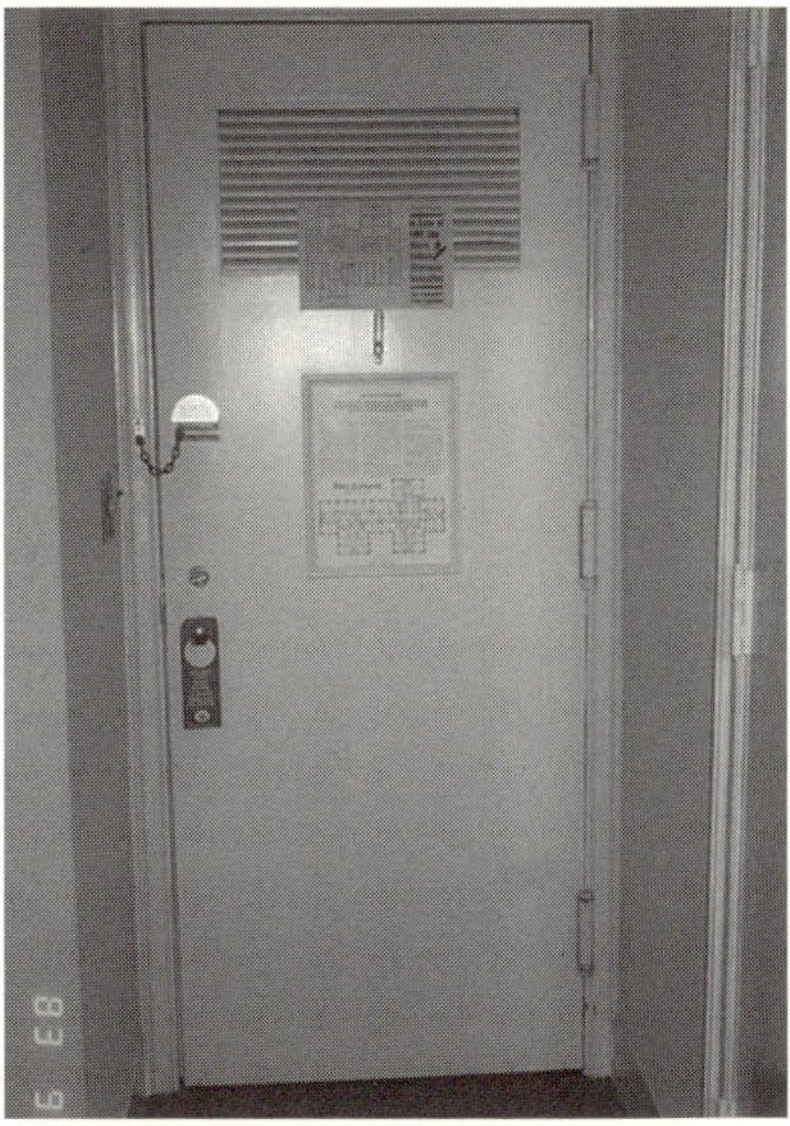

宿泊したホテル。この扉の下に50ドルを差しこんだ。

「よし」

財布から五〇ドルを抜き出して、ドアの下の隙間にはさんだ。

もはや絶対にドアを開けないと決めたものの、部屋から一歩も出られないのはストレスだ。やることもなく、仕方がないのでふたりはカセットにいまの状況を吹きこむことにした。

「えーっ、いまぼくらは殺し屋に狙われて部屋にいてるんですが」

「なんでこんなことになったんやろうね」

「はんまやね」

しばらくしゃべっていたら、ドアをはげしく叩く音がした。

「ひっ！」

あわててベッドに伏せて、息を潜めていると、「Shit」と聞こえる。

ゴソゴソ音がしていたが、やがて静かになった。おそるおそるドアスコープから外をのぞくとだれもいない。ドアの下を探ってみると、しっかり五〇ドルは消えていた。

「ないぞ」

「はんまか。とっていったんや」

「そやな」

すぐに中古屋のアパートに電話をする。

「あっ、もしもし。さっきドアの下に五〇ドル入れておきました。ほんでいま、持って帰られたようです」

「おう、そうか」

中古屋は鷹揚に言った。

「ほんならそれで殺し屋はあきらめたかもしれへんな。でもな、明日も気をつけろよ」

「はい、わかりました」

なにがなんやらわからないシステムだった。思えば中古屋のこづかい稼ぎだったのかもしれない。それでも異国の地で正座をさせられて殴られて水をかけられて、五〇ドル分の殺し屋に追われたという共通の体験が、みつると和気の友情をより強固なものにしていた。

いっしょに殺されるかもしれへんという思いをともにしたことで特別な絆が生まれた。

「おれらは一回殺されかけたから、長生きするやろな」

忍者スタイルでそう笑いあった。

就職

大学の卒業が目前に迫っていた。四歳のころから世界を自分が変えられる、世界一の有名な人間になりたいという意識をずっともってきたみつるである。スポーツも勉強もできず、かっこよくもない自分がそのために養ってきたものは歌と笑いだった。みつるにはだれよりもいい歌をつくれる、だれよりもおもしろいことを考えられるという勝手な二つの自負があった。バンドの評価は高く、対バンした相手のメンバーはいつも驚いて「どうやって曲をつくってんの?」と必ず聞いてきた。自分はごまかしのきかない同業者にこそ尊敬されるミュージシャンズ・ミュージシャンだという感覚はいつもあった。それでもオーディションにデモテープを送っても反応はなく、なかなかメジャーデビューはできなかった。卒業を前に「なんとかせなあかん」とみつるはあせった。そして考えついた。

「そうや、ビートルズも下積みは長かった。けどブライアン・エプスタインとジョージ・マーティンとの出会いがあったから、ああなったんや。おれにもそういう出会いが必要や。どこでもええわ、とりあえず業界に近づこう」

バイトしていた枚方のジーパン屋では使えるやつで通っていた。おばはん相手に「腹ひっこめて！　あっ、入った、入った、おめでとう！　買えるでえ」と売りまくり、勝手に館内コンコースでファッションショーをして店全体を盛りあげていたから、その手腕を見こまれて店長になってくれ、とも言われていたが、断固として断った。

「このままではあかん、逃げなあかん」

就職情報誌をたまたま見たら、テレビ・ラジオの制作会社が大阪で人材を募集しているという求人が目にとまった。ジャップスだった。「ヤングOh！　Oh！」をつくった林誠一が毎日放送から独立してつくった会社で当時、人気番組の「突然ガバチョ！」「ヤングタウン」を手がけていた。

「ここでええわ。ここで」

とにかく目立ったれ、と思ったみつるは毛筆で履歴書を書きだした。新卒だったが、職歴のところをいままでしてきたアルバイトで全部埋めた。天皇陛下の肖像画売り、レコードショップ、Gパン屋……。求人に応募したのは動物の着ぐるみに入る会社とここだけだった。テレビに出る着ぐるみの中に入って音楽業界に近づこうとしたのだった。

一方、テレビは当時メディアの王様であり、ましてやジャップスは人気番組をつくっている制作会社である。応募は殺到していた。

「おもろいやつはおらんな」

林社長はほとんどを書類選考の段階で落としてしまっていた。

「なんもおもろいことを書いてへん。分かっとらんのやな。仕方ないから、一般募集は諦めよか」

結局、縁故採用以外はなしということになった。

数日後、社内を掃除をしていた女性社員がテレビとテレビ台の隙間に挟まっていた封書を見つけた。

「社長、封が開いてない履歴書が……」

「うん？　これ女やろ。はなから弾いといたやつやがな。男性スタッフ募集してんのにアホなやっちゃな」

「いえ、男みたいですよ」

封書を開けた秘書は中の履歴書を取り出して一瞥すると目の前に差しだした。表に記されていた差出人の倉本美津留とは男だった。添付された写真は髭モジャで書いてあることはメチャクチャだった。そのギャップが逆にインパクトがあった。社長はじっと読みこんでから言った。

「おもろいな、こいつ。よし、こいつ呼べ」

入社してから、自分が採用された経緯を聞かされたみつるは人生において偶然がいかに大事かを知ることとなる。考えてみたら、太陽から絶妙の位置に地球という惑星ができたのも偶然で、その星の日本という国に人間として生まれたのも偶然だ。全部偶然だから、偶然のほうが基準であるという思いに至り、偶然としっかり向きあっていこうと心に決めた。

「曲をつくるんも番組をつくるんも偶然が大事なんや。大事なんはそれや」

みつるの中で偶然はすべて必然へと変わっていった。

第三章
怒りて言う　視聴率に非ず

EXテレビ「ポスト『11PM』テレビを乗り越えろ」

よみうりテレビのディレクターである竹内伸治がどのような映像作家であったかは一九九四年に演出したドキュメンタリー「すったもんだ　代議士も走る湯浅町長選」を観ることで理解できる。日本テレビ系列が日曜深夜に放送する長寿番組「NNNドキュメント」の枠で放送されたこの番組は、ドキュメンタリーの定番を徹底的に壊した作りになっている。

内容は、和歌山県湯浅町で土木公共事業をバックに長期政権を担っていた寺西清町長（当時、故人）の汚職疑惑が発覚し、これに憤って立ち上がった清廉な対立候補との選挙戦を描いたものだが、幕開けは小洒落たBGMに乗せたクマさんこと篠原勝之のカジュアルなナレーションで始まる。「寺西清さん六三歳、六期二四年の長きに渡って引っ張ってきたこのワンマン町長が今夜の主役だ」。悪役が「今夜」の主役なのだ。さらに「で、この脇を固める役者たちが寺西さんをなんとか町長の座から引きずり落とそうとする男たち。さあドラマの始まりだ」。汚職に怒る対立候補が「脇を固める役者」なのだ。今ならばなんと不謹慎とネットが炎上しそうなナレーション原稿である。

湯浅町が進めていた開発事業が住民の反対運動でとん挫したことから、行政と開発事業者との間で軋轢が生じ、最後は町長派の町議六人に給与名目で一五〇〇万円ものカネを払っていたことを開発事業者側が暴露してしまう。これが寺西町長の指示によるものではないかと、証人喚問が始まる。それでも剛腕町長はやりたい放題で建設会社に電話で圧力をかける。事態が進展するたびにクマさんが「他にも疑惑がゾロゾロだ」「灰色決着というところだ」「陣営に引きこみたいので代議士も来るってえ寸法だ」「ちゅうわけでお勉強だ」「権力の座にあるものが互いに利用し合う。政治だねえ」と軽い口調で補足を加えながら権力を監視し、一筋縄ではいかない地方の現況が独特の編集リズムで描かれる。寺西町長が建築業者から「上納金」を納めさせていた事実も証言で暴かれるが、それでも現職の強みで遊説は大人気。対して対立候補側は同乗したウグイス嬢までが名前を間違えてアナウンスするほどに無名。

結局、結果は対立候補であるクリーンイメージの妻木尚武候補が僅差で勝利してバンザイをするのだが、「勧善懲悪ドラマ」では終わらない。カメラは旅田卓宗和歌山市長（当時）が妻木事務所に訪れたのを見逃さずに捉える。クマさん「妻木さんより早く事務所に姿を現したのは旅田さん。来年の和歌山市長選に出馬するようだ。おいしいところをとろうと全く抜け目がないねえ。また妻木さんも今日からこんな魑魅魍魎の政治の世界に入っていくのだ」。そして一拍置いてこんな強烈なオチを準備している。「ちょうど二四年前の今ごろ、寺西さんが革新町長として歩きだしたみたいに、よ」

実は六期務めた剛腕寺西こそがかつて政治腐敗の浄化を期待された革新町長だった。地方行政のすったもんだを描くことで、人間の業を突きつけるこの作品は悲喜劇ドラマの構造をやりつくした竹内だからできたものである。

保守的なNNNドキュメントの枠の中ですら、かように尖ったものを作ったことからも分かるように、竹内はコントがやりたくてよみうりテレビに入社した生粋の演出家であった。一九八八年と八九年にそれぞれ「週刊テレビ広辞苑」「現代用語の基礎体力」という槍魔栗三助（現・生瀬勝久）の劇団そとばこまちや升毅の演劇ユニット売名行為を中心に据えた実験的なコント番組を手がけた竹内は、九〇年になると新番組「EXテレビ」の担当をプロデューサーの白岩久弥から任された。二五年にわたって支持され続けた深夜番組「11PM」が終了、その後釜の番組である。竹内はこれを立ち上げるにあたって真っ先に倉本の存在を思い浮かべて、すぐに声をかけた。よみうりテレビの制作部において倉本はまだほとんど知られていなかったが、竹内は先述した二つのコント番組に作家として関わってもらったことで刺激を受け、その技量を十分に認めていたのである。「中島らもが面白がった倉本は、ベタもシュールも両方書ける作家でアイデアはとにかく無尽蔵に出る。

ブレーンに欲しい」。「EXテレビ」は東京が月、水、金曜日を、大阪が火曜日と木曜日を制作することになっており、毎日日替わりで企画を立てていくので、瞬発力のある若手の作家が求められていたのである。「11PM」のイメージを払拭して新しいもんを作るんやったら倉本や、と決めていた。

竹内のみならず大阪EXのスタッフは「東京の奴がびっくりするようなおもろいもんを作ろう」という気概に満ちていた。そこでテーマとして掲げたのは、上岡龍太郎というスーパーなタレントを全国ネットの番組にはじめてのせることと、テレビ論の展開だった。大橋巨泉と藤本義一の司会で続いた「11PM」という番組は、いわば深夜番組の王道で、酒や女の話題から社会派ドキュメンタリーに至るまで硬軟取り混ぜた企画をほとんどやってしまっていた。ならば今までのテレビになかったものを作るしかない。既成概念にないところで何ができるか。もっと言えばテレビそのものを「考えよう」、下品な言葉で言えば「潰そう」、かっこよく言えば「乗り越えよう」ということだった。テレビはどうあるべきか、テレビにはもっと違った使命があるのではないかというテレビ論を、論ではなくまさにテレビで見せようというものだった。

倉本は「EX」の最初の会議に出席した際、このあと、長きに渡ってパートナーを組むよみうりテレビディレクターの梅田尚哉と出会う。自己紹介があり、顔合わせが終わると倉本は梅田をお茶に誘った。「梅田さん、よろしくお願いします。このあと時間あったら、ちょっとコーヒーでもいかがですか」「ああ、いいですよ」。誘われた側も気さくに応じて、カフェで一対一で向き合った。

「梅田さんはおいくつですか？」

「僕は二九歳です」

「そうですか」

「倉本さんは？」

「僕は三〇歳なんですよ。それでしたらほとんど同じ年ですし、これからはお互いに敬語を話すのをやめるということでも良いですか？」

「えっ、いいですよ」

そこからはすぐに激烈な議論が始まった。

「自分、会議のことどう思ってんの？　あんなんじゃ絶対あかんと思うねん。テレビを壊さなあかんやろ」

放送作家からすれば局のディレクターはクライアントという側面もある。機嫌よく仕事ができるように配慮する者も中にはいるが、倉本はそういうことに全く興味がなかった。本音を隠すような様式的な敬語など、クリエイティブの話し合いにただ邪魔くさいだけだった。横で見ていたADの西田二郎は「こんな大人がいるのか」と驚いたという。梅田もびっくりしたが、すぐに乗った。「いや、俺も乗り越えなあかんと思うねん」

「EX」は会議自体が型破りな形式で始まった。

梅田は振り返る。

「急に敬語やめてタメ口で話しだすんでびっくりしたんですが、僕もそういうのは嫌いやなかったんです。世の中には倉本と合わないテレビスタッフのほうが多いと思うんですよ。でも僕は合うたんです。人間としての相性もさることながら、作り手としての相性がすごくね。あいつのでっぱりと僕のへこみが嚙み合ってお互いが補い合えたみたいなところがあるんです。話し合いのたいていのパターンが、あいつが何か企画を出して、僕が無理やと言って、あいつがキレる。で、そこから回りだす。倉本と仕事して僕が培った確信なんですが、どんなわけの分からん企画でもノーから入ったらあかんということです。というのは『ああ、この企画はないな』と思ったものが途中からむちゃくちゃ面白くなる経験を僕はあいつとの間で何回もしているんです。『これ無理ちゃうか』というものの中にこそ、新しいもんがあり、『これは見える』というものは逆に今までやったことのあるもののパーツの組み合わせなんです。僕は今こういう立場（二〇一六年現在執行役員局長）ですから、下のもんの企画を山ほど見てますけど絶対にノーから入りません。『何、見えてへんもん書いてんねん』じゃなくて、ちゃうちゃう、見えてないのは俺。そう思うようにしています」

また当時、入社四年目で若手として「EXテレビ」に投入された前西和成はこのころのことをこう語っている。

「番組をやり始めて慣れてくるとだいたい視聴率の数字がどうとか、もっと分かりやすく作れとかいろんなこと言われてきて、僕はなんやテレビってやってても全然おもんないなあと思い始めてたんですよ。数字と段取り。それで配属が『EXテレビ』に変わって、会議に行ってみたらそれと全く真逆のことしか言われなかったんです。圧倒的に面白かった。『EX』は倉本さんが火曜日をメインで構成をやっていて、もう会議がとんでもない会議やったんです。つまらんことするくらいなら、やらんほうがええって言って来週何するか決まってないこともあったり、思いつきだけでいきなり突っ走ったり。僕も若かったですけど、すごいショックでした。勉強になったんは、ありきたりの常識的な企画出すと『テレビみたいなことすんなー！』って怒られたんですよ。それが『EX』の合い言葉で、倉本さんがよく言ってたんです。何か習慣的なことをしようとすると倉本さんが『テレビみたいやないか』と叱るんです。すごかった。倉本さんのことを苦手やとか、一緒に仕事するのが大変やって思ってる人たちの中には基本的に皆、そこまでせんでええやんって妥協の気持ちが間違いなくあるんです」

スカイドンやメトロン星人、実相寺昭雄の描く不条理なウルトラマンシリーズが好きでテレビの世界に入ってきた前西はようやくやりたい世界に出会えた感動を覚えていた。

こうして始まった「EXテレビ」火曜日の第一回は覚悟を見せる演出だった。ノーセットのスタジオに椅子が一つだけ。上岡龍太郎にそこまで歩いて行ってもらってカメラ目線のワンショットで一時間生放送で話してもらった。今日から「EXテレビ」という番組が始まります。真っ白のところから始めましょう、という宣言だった。上岡は自らが自己紹介で語っていた「腕は一流、人気は二流、ギャラは三流、恵まれない天才」のフレーズそのままに知る人ぞ知るタレントであったが、よみうりテレビはその批評精神を高く評価しており、上岡のキャスティングは上層部の機関決定だった。

そして第二回が、梅田が自宅でシャワーを浴びながらふと考えついた企画、「視聴率」をテーマにしたものだった。

「テレビにおける唯一無二の価値基準になっているものが残念ながら視聴率や。これは生のレギュラー番組をやっている俺らからすると、毎回受身でしかない。こんな数字出たけど、次はどうしようかといつも考えているけど、逆に攻めていったらどうやろ。今までのテレビに疑問を投げかけるテレビ論やから、まず視聴率はどういうものかを考えるところから始めたれ」

倉本も意図を理解して賛同した。

会議室で具体的に見せるための練りこんだ議論が展開された。倉本の提案でだんだんかたちが見えてきたが、慎重な梅田は「もうちょっと何かないか」「もう少し見えるように工夫して欲しい」と食いさがる。「ほんならこうするか」「ああ、分かる分かる」

会議のないときも倉本が東淀川の淡路のアパートにいると、「今からそっちに行っていいか?」と電話がきた。「別にええけど」。朝まで梅田の不安や懸念を払拭する作業が続けられた。倉本は「ああ、こいつはおもろいことをかたちにするためには一生懸命やる奴なんや」と認めて、コミュニケーションが成立した。

そしてこんな番組が作られた。

EXテレビ　第2回
視聴率調査機のある2600世帯だけにおくる限定番組

ナレーションが朗々と読み上げられた。

視聴率。
テレビ界の動向のすべてを決定する数字。それが視聴率。
どんな番組が生まれ、どんな番組が消え去るのか。
どのタレントがスターになり、どのタレントが貧困にあえぐのか。
視聴率は、テレビ界の生と死を握る怪物なのです。
その視聴率の決定権を持つのは、全国三〇〇〇万世帯の視聴者のみなさん、
ではないのです。
無作為に抽出された、わずか二六〇〇世帯の人々が、
視聴率を牛耳っているというわけです。
この、全世帯の一万分の一にも満たないという、二六〇〇世帯。
それだけの人たちが、年間、スポンサーが番組に提供する
一兆三〇〇〇億円という膨大な金額を左右しているというわけです。
すなわち、一世帯が一年間に動かす広告費は、なんと五億円。
さて、今夜のＥＸテレビは、視聴率を思いのままにできる、
わずか二六〇〇世帯の超エリートの方々だけに送る、
限定番組なのであります。

作ったスタッフは二六〇〇世帯の人々に向けてメッセージを込めたのである。あんたたちが日本の文化を品位を決めてるんやで。あんたらがおもろいと思ったものは続くし、おもろないと思えば、他の人たちがなんぼおもろいと思っていてもなくなってしまう。もっと言えばいい番組はあんたたちさえ守ってくれれば残るんや。

司会の上岡龍太郎と島田紳助が登場する。

上岡 毎週EXテレビ火曜日の後半は、僕と紳助で、テレビ論について語ろうと。テレビを語るときに忘れてならないのはこの視聴率です。

紳助 これで我々はですね、喜び、泣き、そして番組がすぐ終わったこともありました。

上岡 大きく運命を左右されるわけです。

紳助 これでねえ、たった五回で終わったことがあるんですよ。テレビのゴールデンタイムが。

上岡 それは視聴率が、

紳助　視聴率が視力検査みたいにですね、ゴールデンタイムにもかかわらず一・八とか二・二とか。

上岡　なんちゅう番組やったの。

紳助　「極楽テレビ」。ショックでしたよ〜。テレビ東京も一ヵ月で終わった。

上岡　「紳竜のコケてたまるか」っていう、放送一回目からこけましてね。あと四週引きずっただけでしたよ。

上岡　この視聴率というやつですが、テレビ見てる人っていうのは意外と視聴率っていうのを意識するのかしないのか。新聞に発表されるでしょ、これが二八%やったとか。その動きに流される向きが一般の人にもありますね。ところがね、今日これから見てもらうこのテレビは、一般の人には見ていただかなくてけっこうです。日本全国に二六〇〇世帯が、視聴率を調べられてる家なんです。その家にさえ見てもらえればいいんです。

紳助　その人たちのテレビに、機械が取りつけられて、数字が出て、我々の番組が大きく左右される。

上岡　（ステージに置かれた機械を指して）これがテレビの視聴率を調べる機械です。

下が親機で、上が子機やそうですがね。こういうもんが、二六〇〇世帯、日本国中、二六〇〇世帯に置かれてるそうです。

紳助 ほう。

上岡 これによって何チャンネルを見てるか、何分間見たか、っていうのがはっきりと記録されるものなんですね。

紳助 はじめて見ましたこの現物を。こいつらですか。これがタニヤマ無線に売ってたらなんの苦労もないんですけどね。

上岡 我々のバックにあります、これね、ビデオリサーチというね、視聴率を専門に調べてる会社から毎日のように発表されるテレビの視聴率日報というやつですね。

紳助 次の日のね、午前中にもう分かるんですよ。

上岡 で、おんなじ時間で我々の他はどんな番組やってるかちゅうたらですね、関西テレビは「優子のミッドナイト」。

紳助 なんや誰でんのこれ。

上岡 知らんで。

紳助 新地のホステスかなんかですか。

上岡　違うよ。こっちは朝日放送ですね。朝日は12時、「ナイトinナイト」これ一〇・八%見てる。

紳助　これ東京の方知らないと思いますけど関西ローカルでやってる。この日は桂三枝さんが司会でやってるやつ。

上岡　桂三枝くんが司会でやってってですね、内容はどんなんかというと、分かりやすく言うとフジテレビの「クイズ年の差なんて」と一緒です。

紳助　僕、これ（カメラ）フレームから外れときますわ。

上岡　あのクイズは面白いですよ。あれもともとここで始まったネタでしょ。それを東京がパクってもうたんですよ。

紳助　よくあるんですよ。大阪で試して、面白かったらそのまま黙って東京へ持っていくんですよ。

上岡　出演者だけ豪華にして。

紳助　タレントが持っていくんですよ。

上岡　でもあれうまいこと三枝くん両方出てるでしょ。

紳助　いや三枝師匠が持ってくんですよ。

上岡　あ、そうか。

紳助　だから上岡さんも関西でやって実験するんですよ。上手くいった番組、これは東京持っていったら当たるな思ったら、

上岡　僕とともに売りこむわけか。

紳助　持っていくんですよ、企画を。

上岡　ようそんな破廉恥なことしてるな三枝くん。

紳助　いやみんなしますよ。

達者なトークで盛りあげ、実際の各人気番組の視聴率データを見ながらやがて本題に入っていく。

上岡　「なるほど!ザ・ワールド」。「三枝の愛ラブ!爆笑クリニック」。関テレこのへん強いなあ。

紳助　関テレが強いんちゃう、フジテレビが強いんですこれは。

上岡　まあね。まあこういうふうにして発表される、これに一喜一憂してるんですが、その元になっているのはなんと、日本国中二六〇〇世帯なんです。その二六〇〇世帯ちゅうのが、日本全国にテレビが今、五〇〇〇万台ぐら

いあんの？　それぐらいあるか。一億二、三〇〇〇万人住んでて、で、全国でわずか二六〇〇台ですよ、それに地域が問題です。

紳助　そうなんです。だから、二六〇〇人全員がこれを出したならまだいいんですよ。今見てるのは関西地区の視聴率ですよ。ということは、二六〇〇台の中で、関西にこの機械を置いている人だけが出した数字なんですよ。

上岡　そう。関西にはなんと二五〇台しかない。

紳助　たった二五〇人のこの機械持ってる人からこの数字を出してる。

上岡　ちょっとね、日本全国で二六〇〇世帯がどういう分布になってるか、それを一目瞭然これでご覧いただきます。

ここで地図を出す。

上岡　視聴率世帯がある全国二六〇〇世帯、日本列島の地図があります。それぞれの数字が書きこまれてるのは各県に何台置いてあるかを表してます。関西を例にとりますと二五〇台置いてあります。福岡、北九州に二〇〇ね。そしてなぜか熊本に二〇〇台も置いてるんです。これずーっと見てください、北からいくと札幌、これはまあいいでしょう、北海道も大事だし。しかし青森、秋田、山形、岩手このへんは全く無視されてる。なぜかね、新潟がどんとある。全く島根とか鳥取とか無視されてるね。関西いうたってね、大阪と、神戸と、滋賀の一部奈良の一部、見てください、和歌山はゼロ台、無視されてる。和歌山の人間なんか見ていらんねん。高知県もゼロ。和歌山が何人見たって、高知県が何人見たって、視聴率なんか一%も出えへん。

紳助 我々がこれから道歩いてて、テレビ見てますよって言われたら、何県の方ですかって。

上岡 和歌山ですって

紳助 和歌山ですって言われたら、見んでええわ別にと。

上岡 見ていらんわい。

紳助 あんた見たってなんもならへん。

上岡 そうそうそう。石川県やとか、長野県もダメでしょ。鳥取島根山口ね。愛媛徳島、このへんも見ていらん。

紳助 いらんいらんいらんいらん。

上岡　鹿児島、

紳助　いらんね。

上岡　ほんのこの一部、しかも関西はたった二五〇、二五〇台がこの機械が何%というのをはじき出す。それによってテレビ局もタレントも一喜一憂してしまうと。これ統計学的に言うと正確なんでしょうね。学問上でいうと。

紳助　向こう（ビデオリサーチ社）の理由は知ってます？　聞いたことあります？

上岡　いや。

紳助　こんな二五〇台でいかんねん言うたらね、どんなたくさんみそ汁を作っても、味見るのは一部やないかと。そういう一つの味は、スプーン一杯の味は全部のみそ汁の味やないかと。こうおっしゃるんですけどね。

上岡　全部がみそ汁ならよろしけどね、

紳助　人間ですからね。これね、ましてね、関西二五〇台でしょ、うちの家に取りつけてあるとか、過去にあったというのを聞いたことないでしょ。

上岡　向こうの言い分によりますと、三年でだんだん変わっていく。おかしい。そしたらね、去年までつけてましたっていうのがもっとおってもええと思うねん。

紳助　思うでしょ、そんでね、我々みたいにうれしなるでしょ、持ってしまうと。ぺらぺらしゃべるでしょ。そういうしゃべりの家には置かんのですって。

上岡　そらまあ置かんわな。

紳助　でも関西で二五〇軒もしゃべりやない家を探そ思たら大変ですよ。

上岡　うまい。大阪でね、しゃべりじゃない家なんてない。

二人は視聴率についていてたった二五〇台の機会で決められて良いのか、ほんならそこだけに向けてピンポイントで番組作ればええんやな、としゃべり倒して最後は調査機械を持っている視聴者に向けてとんでもない呼びかけをする。

――この番組が終わったら、チャンネルをNHKの教育テレビに合わせてみてください、そうしたら、ほんまに視聴率が動くかどうか分かりますから。

当時、NHKの教育テレビは「EXテレビ」のOA終了時である二四時五五分にはすべての番組を終了しており、チャンネルを合わせると画面はザーッという雑音の流れるいわゆる「砂嵐」の無信号状態であった。そんな状態でも視聴率を取ることがあるのか？　となるとほんまに視聴率とはなんなのか。たしかに大きな問題提起になるが、本当に教育テレビが視聴率を取ってしまったら、よみうりテレビも含めた他局のメンツは丸つぶれである。

追い討ちをかけるようにスタッフは最後にご丁寧にも白抜きのテロップまで出した。

「視聴率調査機のある二六〇〇世帯のみなさん今から一分間だけ、NHK教育テレビにチャンネルを変えてくださいね……」

すでに分刻みの視聴率もカウントされる時代であった。このアイデアがADの西田から会議で出されたときは竹内も梅田も「さすがにそれでは動かないだろう」と言っていたが、とにかくやってみた。

そうしたら、本当に視聴率を取ってしまった。

翌日のビデオリサーチ社の発表ではプログラム終了後、ずっとゼロであったNHK教育テレビ（当たり前である）が「EXテレビ」終了直後から二パーセントの数字を叩きだしてしまったのである。これは同日に放送された教育テレビのどの番組よりも高い視聴率であった。

「ほら、言った通りでしょ」

西田は鼻高々であったが、梅田は上司にメチャクチャ叱られた。

当然である。「EXテレビ」が終了したあともよみうりテレビは継続して番組を放送している。そのために編成はプログラムを組み、営業はスポンサーを確保しているのだ。そのまま見てくれていたら数字も上がるのにそれをこともあろうに「チャンネルを変えてくださいい」やとおおお！　直後にコマーシャルを流しているわけであるから、スポンサーからすれば金を返さんかい！　という話である。会社経営的にはとんでもないアナウンスだった。

梅田は湯気を立てた上司に罵倒されながら始末書を書いた。それでもこのときの梅田の抗弁は「いや、二六〇〇世帯に対してしか言っていませんから」だった。

激怒したのは社内の人間だけではなかった。視聴率測定機を貸してくれたビデオリサーチ社が放送を見てカンカンに怒ってきたのである。機械を前に視聴率について真面目に説明してくれると思っていたところ、視聴率そのものについて懐疑的、批判的な言説が繰り広げられたのである。「全国でたった二六〇〇台と揶揄されるためにお貸ししたのではありません」。一番怒られたのは番組で「視聴率を動かせ」と煽ったことであった。やはりバイアスをかけることはご法度中のご法度なのである。

しかし、「EXテレビ」側はしたたかだった。

「それなら反論もおありでしょうから、ぜひ来週の回にご出演いただいてそのお考えをお話しいただけませんか？」

ビデオリサーチ社の広田課長（当時）に番組出演を了承させてしまったのである。

翌週の放送で、課長は「意図的に数字を左右することになるので機械をお持ちのご家庭のみなさんはくれぐれも他言なさいませんように」と訴える。上岡と紳助は「それはそうですよね」「テレビ局が分かったら、制作費や広告費を使うよりもその家を接待漬けにしたほうが効果的ですもん」「はい。でもみなさん、実はうちに機械あると言ってはいけない守秘義務はないんですよ」「そう、義務はない。あくまでも一民間企業のお願いでしかないわけですからね」。周囲がアワアワするのを尻目に容赦なかった。

放送二回目にして大きな反響を呼んだ「EXテレビ」であるが、この「調査機のある2600世帯だけにおくる限定番組」の回は日本民間放送連盟賞のテレビ娯楽部門最優秀賞を受賞した。

その翌週、倉本と梅田はこの流れから「NHK教育テレビを教育する」というテーマを考えてぶつけた。それは一転して視聴率を肯定する作りであった。「EXテレビ」の呼びかけで取った視聴率がその日の最高数字ということは教育テレビは果たして必要なんか？いったい誰が見てるんや、教育テレビをなくしたら受信料はもっと下がるんやないか。スタジオには立体的なセットを組んで、視聴率に応じて各局のオブジェを作った。全体の容積にして民放はこれくらい、NHK総合はこれくらい、対してNHK教育はこんなに小さいのだとビジュアルで訴えかける仕掛けである。東京は七チャンネルあるが、その中でこんな小さなニーズに電波を使って良いのか。一方で正面からNHKにも取材を申しこんで教育テレビの担当者のインタビューも撮ってVTRを構成した。

準備を整えて挑んだ生放送でまたも大きな事件が起こった。

上岡龍太郎がぶちキレたのである。「EX」は毎回、本編に入る前に上岡が時事ネタを読み上げて自らのコメントを出す「NEWS・EXTV」のコーナーがあった。得意の毒舌で世相を斬っていくことで短時間ながら好評であった。ところがこの日のフロアディレクターは不慣れで肝心のオチに行く前にCMを入れてしまった。それでなくとも何度も巻きをかけられて腹立たしく思っていたところに話の組み立てをぶつ切りにされてしまったのである。

CMの最中、上岡はスタッフを叱りまくった。CMが終わってもまだ叱り続けた。横から紳助が「上岡さん、CM明けてますよ」と言ってもやめない。NHK教育テレビの制作現場のVTRレポートが流されたが、それが終わっても「僕は感想はありません」

上岡はカメラに向かって口を開いた。

「テレビをご覧のみなさん、大変申し訳ないけれど今、スタッフを叱っています。なぜ叱っているかというと先ほどのコーナーであってはいけないことがありました。これからやるべき『ＮＨＫ教育テレビを教育する』というテーマのためにスタッフは一生懸命ＶＴＲを作ったり、大きなセットを組んだ。しかし、僕からしたらこんなものはどうでもいいんです。僕はさっきのコーナーで言うことが一番言いたいことやった。あとの企画は全部捨てて、今日はいい機会なんでこういうようなテレビスタッフやテレビ自身について話ししようや。なあ紳助。お前も腹立ったことあるやろう。スタッフに」

「そうですね」

サブの後方で本番を見ていた梅田は頭を抱えた。とんでもない異常事態である。残りはまだ三〇分以上もある。「ああ、えらいことになったな」

しかし、見ていくうちにこのほうが面白いのではないかと思い始めた。

上岡の罵倒が止まらないのだ。「スタジオにはアホが多い。ディレクターが頭が悪いと本当にやりにくい」「フロアディレクターは出演者の意向を汲みとってサブに伝えるのに反対や。イヌになってる」「ここでＣＭになるのにフロアディレクターがビビッてその指示もしません。こんなとき、指示せんかい」

台本があっても引き出せない発言である。上岡も紳助も熱を持って話し始めただけあってトークの内容もすさまじい。当初はＣＭの最中に下に降りて行って、ここで切ってせめて残りはＮＨＫについてやりませんか、と言おうと思っていたが、そんな中途半端なものは面白くない。倉本がよく言う「偶然を必然に変える」というやつである。急遽サブに座った梅田は驚いている技術スタッフにインカムで指示を出した。

「このまま行ったれ！　おさえるのはシンプルなトークやから大丈夫や」

途中からスタッフも確実に面白くなっているという手ごたえを感じていた。

梅田は流れを自然に撮影したが、最後のカメラワークだけ工夫した。

「これだけテレビについて語っているんやからまとめんとこう」

通常は本番終了三〇秒前からＡＤが時間をカンペで出してカウントダウンする中で司会がまとめていくが、こんな空気の中で「また来週、さようなら」などと言わせてはいけない。あえてフロアに「時間を出すな」と伝えた。がっと熱く語っているところへズームインで二人に寄ってバンッといきなり番組を終わらせた。「ＥＸテレビ」のエンドのマークが一〇秒流れたことで視聴者には終わったことが分かっただろう。

まだ大阪の夕刊紙に活気があったころである。翌日一九九〇年四月二六日の大阪新聞は一面にこの番組のことを持ってきた。「上岡龍太郎暴言　昨夜のＥＸテレビ」。リードには「読売テレビでは事態を重視、二五日朝から幹部がＶＴＲで発言内容をチェックして対応策の検討を始めた」。

電話で呼び出された梅田が役員の個室に行くと専務、常務が真ん中に座り、両脇に編成と制作の局長以下、幹部がずらりと並んでいた。被告席に着く気分だった。

「昨日の放送はなんやったんや。苦情もぎょうさんきとるやないか」

大きな処分や配置転換などはなされなかったが、梅田はこれ以降もほぼ毎週この被告席に呼ばれることになる。換言すればそれだけ「ＥＸ」のスタッフは闘っていた。

「変態さんは誰だ」

このハプニングの系譜に連なるが、倉本はタレントを挑発することでインプロビゼーションのように現場の空気を破壊、創造していく企画を書いている。それが「変態さんは誰だ？」である。

上岡龍太郎と島田紳助とゲストの三人を加えた五人を前に二つの単語を出してどっちが性的に興奮するかを答えさせるのだ。単語はたとえば「かぶとむし」と「くわがたむし」、あるいは「ハゲ」と「ヒゲ」、無作為ながら、考えだせばフェティシズムの迷宮に入りそうなものを選んだ。

五人だからほとんどが三対二か四対一に分かれる。少数派がつまり変態とされる。実は一般的に言われるノーマルやアブノーマルを規定するものは何もなく、結局はマジョリティーかマイノリティーかという数量の差異でしかない、このゲームには多様性を面白がる倉本の哲学が土台にあるのだが、何より、エンタメ企画として秀逸だった。

最初は上岡もまあ、たわいのない遊びやからという表情で苦笑しながら楽しんでいた。ところが、進むにつれて上岡の変態度が高くなってきた。だんだん機嫌が悪くなってくる。

「俺、こんなん最初からおもんないと思うてたんや」

出題が「ディープキス」と「フレンチキス」のときだった。またも上岡が少数派に入ってしまった。これにぶちキレた。

「俺がなんでこんな実験台にならなあかんねん。帰るわ」

啖呵を切っていきなりスタジオを飛び出した。このときは生ではなくVTR収録であったが、メインの司会がいなくなる非常事態である。サブにいた梅田が慌てて飛び降りていったが、上岡の怒りは収まらなかった。さっさと衣装を私服に着替えて本当に帰ってしまった。さすがにこのままでは成立しない。気を取り直して残りを上岡不在で撮ることにした。「上岡さん、帰ってもうたあ」と紳助が嘆くところから、カメラが回り始めたが、ここで紳助のアドリブ能力が発揮される。

次のゲームが始まり、しばらく進行するとその内容が気に入らないと言って怒りだしたのである。

「こんなもんしょうもない。やってられるか！　帰るわ」

と続いて退場してしまった。スタッフは心の中で快哉を叫んだ。「さすがや！」。自分も激怒して帰ることで上岡の退場を偶然から必然に変えるという演出だった。残りが五分なら、俺がおらんでもゲストだけでできるやろうと計算も働いている。残された三人が「おい、どうすんねん。司会者二人帰ったぞ」「あと五分あるらしいぞ」「やばいなあ、とりあえずゲーム続けますか」。その混迷を撮ることで成立させた。これはこれでめちゃめちゃおもろいテレビ論になるやないか、と梅田が放送しようとしたら、ことの顛末を漏れ聞いた役員にまたも呼ばれた。誰の人権を傷つけたわけやないし上岡さんとの関係さえ修復すればOKやから報告することもないと思っていたが、社内のスタジオで撮っていたので伝わってしまったのだ。

被告席でまた詰問された。「なんや、大変な収録があったらしいな」「いえ、上岡さんは怒ってはりますけど、謝ってまた来てもらいます。しょせん、内輪の話ですから」「それどうやって放送すんのや。とにかくVTR見せてみい」

仕方なくセットして見せた。幹部はゲラゲラ笑ってみていたが、終わるやいなや猛烈に怒りだした。

「お前、これ放送するつもりか！」

「はい」

「どういう感覚の持ち主や！　恥ずかしくないのか！」

「いえ、別に恥ずかしいとかそんなことよりも怒らせたことも含めてパワーのある番組やと思います」

「身内が叱られとんのやぞ」

「真面目に解釈されてもトータル判断で番組にデメリットはないと思います」

「アホか、こんな番組放送させない。とんでもない」

毅然としていたが、放っておいたらあいつは何をやるか分からんということで、この一件で梅田は演出と同時に兼務していたプロデューサーの役を解かれた。

翌日、梅田は上岡がいる東京のＴＢＳの現場に謝罪に向かった。紳助と違って本当にキレて帰っているのでこのままフォローをしなければ来週の収録に来てくれないのは明白だった。「上岡さん、申し訳ありません。ほんまは演者を笑うような意図ではなくて変態ってそもそもなんやっていう問いかけやったんです。でもご立腹させてしまったのは我々の落ち度です。すんませんでした」。上岡は説明を聞くと鷹揚に言った。「まあ、あそこでは俺は許されへんと思ったから怒った。別にお前のことが嫌いなわけやない」。少しホッとした。

「まあこうして話してたら、また一緒に面白い番組を作ろうという気になった」

「ありがとうございます」

「そうや、ところでこないだの番組はどないすんねん。あとで聞いたら紳助も怒って帰ったらしいな」

「そうなんです。帰りはりました」

「ははは、でどういう作りで放送すんねん」

「それが、上の指示で紳助さんの帰るところは放送させんということになりまして」

「なんやと！」

そこでまた上岡がメチャクチャ怒った。

紳助がそこまで自分をカバーしてくれたのに、視聴者にすればネタかマジか台本があったのかと思わせるほどの演出やったのに、お前らは紳助の愛情を、演出を、台なしにすんのか！　と恐ろしい剣幕でまたキレた。結局それも謝って次週の出演はＯＫをもらったが散々な一日だった。

大阪に戻った梅田は落胆して倉本に相談した。「せっかくおもろなったのになあ」「そうか。ほんなら他の手を考えるか」。放送ができなくなってしまったものは仕方がない。制限のある中でどうするか。倉本は発想を変えて書き直した。

上岡が帰ったところまでは放送で使うが、その後は用意していた質問を視聴者に向けて展開することにしたのである。タレントが五人でやっていたものを、生でテレビを観ている一〇〇人に向けて発し、リターンをメーターで計る仕掛けをした。そうしたらスタジオと双方向のコミュニケーションができて盛りあがった。視聴者にすれば「変態さん」が他人事ではなく当事者性を帯びるわけであるから、当然こちらのほうが面白いのである。これもまた事故を逆手に取ったケガの功名であった。

上岡のこの瞬間湯沸かし器の性格には倉本も直接、遭遇している。新婚旅行で一度生放送を休んだときのことである。スペインに行った土産として絵が好きな上岡に画材セットを買って次の収録日に持っていった。「先週、休んですんませんでした。上岡さん、絵をおやりと聞いたんでスペインで見つけてきました。良かったらこれ使ってください」。失礼のないように吟味して選んだ逸品だった。ところが、上岡は「いらん！」と言い放った。それればかりか、そこから説教が始まった。

「だいたい土産ちゅうもんはな、渡す奴がうれしいだけでもらうほうのことを全然考えてへんのや。俺、土産っていう制度嫌いやねん。お前が渡したいだけやんけ。俺こんなん欲しいて言うたか。いらんわ！」

言うと同時にバンと画材を放り投げてしまった。さすがに倉本もムッとした。

「ああ、そうでしたか。すんませんでした。上岡さんが絵を描くことを始められたと聞いたんで喜んでもらえるかと思って。すんませんでした。余計なことしました」

そのまま踵を返した。

ところが、翌週。上岡がにこにこしながら近づいてきた。

「こないだのあれな、使ったらえらい調子が良かったわ。ありがとうな」

放り投げておきながら、しっかり持って帰って使ってくれていたのだ。「ああこういう人なんやな」と倉本は心がポカポカとしてきた。自分の主義主張は誰に対しても遠慮なく激烈にぶつける。それでもその感情や表現が過分であったと思えば必ず反省してケアをしてくれる。表面上だけ取り繕うようなことをしない分、向き合い方が真剣なのだ。

上岡は当時（現在もであるが）視聴率が取れるということで重宝がられていた超常現象や霊媒師、オカルトものを徹底的に弾劾していた。「私もファンタジー、伝承文化としておばけや幽霊を楽しむことは悪くはないと思うが、テレビがそういう実態のないものをあたかも真実であるかのように紹介し、ブームを加速させているのは罪や。しかも責任を取らない。ああいうインチキにお墨付きを与えて結果的にツボを売る霊感商法のようなものに加担するのは許せん。いくら数字が取れると言われても私は命がけでも止めたい」との発言を続けていた。

上岡の怒りの根底には彼だけが知る哀しさがある。ほんまはめっちゃ優しい人なんや。上岡と仕事をすることがうれしかった。だからこそ、真剣勝負を心がけた。「EXテレビ」の司会者はたしかに爆発的なパワーを持つ超個性的な二人であったが、内容はあくまでもスタッフ主導の番組であった。そこで火曜日のメインライターとして企画を考え、毎週台本を書いていた倉本は、ありきたりのやり方を徹底的に排除した。たいていのテレビ台本はオープニングに時候の挨拶などとともにクスグリをまぶした司会者の会話が適当に書かれているが、それを一切しなかった。「芸人は自分のことばで話すし、そのほうが面白いのに慣例みたいになんでいちいち書くんや」

代わりに倉本はオープニングのページを使って司会の二人に向けて手紙を書いていた。主に「上岡龍太郎という話術の天才と島田紳助という新しい笑いを切り開いてきた開拓者の二人がいればそれだけで会話が始まると思うので僕が書くことはありません」というようなエールのコメントを表現を変えて記し、あとはやってもらうゲームのルールや進行だけをシンプルに書き、それだけが毎回印刷されて配布されていた。

そして上岡と紳助に対しては毎週繰りだす実験的な企画の鮮度を大事にするために収録の現場に来るまで一切の打ち合わせをしないことにしていた。

「お二人は何も知らずにスタジオに来てください。そこではじめて台本を読んでいただいて今日は何をやるのかを知っていただきます。ほんで台本読んで分からんかったら、聞いてください。分かったら聞かんと始めてください」

二人はだいたい初見で「この企画おもろいかあ」と言う。「やってみたらおもろいと思うんですけどねえ」。少し考えて「ま、やるけどな。おもんなかったら途中でやめるで」「ええですよ」。

本番が勝負だった。二人のオープニングトークはその本音のまま、

「今日来て台本見たら、つまらんかったんですわ」

「そうですね。だから、みなさん今日のは見んでもええですよ」

低いテンションで物憂げに始まるのが常であったが、首を捻りながらやっていくうちにだんだんと乗ってくるのだ。先の見えない企画のほうが走りだせば数倍も面白いのだ。手練れの二人が大きな声を出して乗っていけば、共演するゲストも当然盛りあがる。終わって興奮が冷めないままに「いや、倉本おもろかったわ」「このパターンでもう一回できるよな」と言われると、「そうでしょう?! やった!」と心の中で思うのだった。

捨て猫はすべて拾ってきてしまうし、ゴキブリさえも殺さずに逃がしてしまう、母と兄が口論するだけでも嫌がって止める。幼少のころから優しすぎると言われた倉本だが、こと創作の会議になると鬼のように厳しくなった。

「小相撲」という企画を提案したときである。当然ながら普通は「大相撲」であるが、これは相撲とりに憧れながらも体格に恵まれずあきらめた人だけを集めて大会を開くというものであった。身長が一六〇センチ未満の男性限定ということで募集をかけた。強くなくてもいい、体重制のない相撲ゆえにこの競技に参加できなかった小柄な人が楽しみながら戦うことで新しい発見があるかもしれない。ところが、なかなか応募がこない。

若いディレクターがあきらめて会議で「これは無理ですね」と言いだした。「まだ二人しか参加希望がきていないのでできないでしょう」。倉本は反駁した。「そんなことないやろう。がんばって実現しようや」「いや、こんだけ募集しても出たい人はいないんだからダメですよ」。やる気のない口調に頭の芯がカッと熱くなった。

「そんなことやから、おもろい番組ができへんのじゃあ！」

気がつけばものすごい剣幕で怒鳴りあげていた。

「普通のスタッフはそこで止まるかもしれんが、それを超えるかどうかやろが。どんだけの努力をしたんじゃ！　ハガキを出してきてくれた人はこんだけかもしれんけど、街に出て一六〇センチ以下の人に訊いていったら、そんな人に出くわすかもしれんやろ！　何も二〇〇人集めろということやない。七、八人来てもろたら成立するやろ。そんなもん、絶対おるはずやねん。お前はもう見つからへんてなんでそこで言うのや！」

普段は温厚な男のいきなりの豹変にディレクターは震え上がったが、容赦しない。

「そこであきらめたら普通の番組レベルの面白さにしかならへん。それを超える努力をなんでせんのや。お前みたいな奴がおるから、ダメなんや！」

叱責を受けたディレクターは泣き始めてしまった。

横にいた梅田はほとほと感心してしまった。「やっぱり、倉本は面白いもんには妥協せんのやな」

梅田にしても既成のテレビを壊したいという意識は人一倍あった。しかし、あまりにアバンギャルドなものを倉本が出してきた際は、さすがに「いや、それは無理やわ」と言下に却下するときがあった。「なんでや！」「できひんわ。さすがに放送基準に反しとるで」「その放送基準て何や、見してみい！」

大喧嘩になった。そのエネルギーがさらに企画を活性化していった。番組が始まってから一年ほど経過したころ、梅田は上岡がぽつりと「俺もこの歳になってこんなスタッフと出会うとは思わんかったわ」とつぶやいたのを聞いている。「こんなもんできるか！」と台本を叩きつけた上岡の楽屋をあとからのぞくと、しっかりと読みこんでいる姿があった。

しかし、三年が過ぎるころには会社もさすがにもう余計なことはするなというような要請を出してきた。「ＥＸテレビ」を制作するよみうりテレビは讀賣グループの一員であるにもかかわらず、上岡はナベツネこと渡邉恒雄読売新聞会長の独裁を番組内でボロクソに批判していた。そのことに対する警告もあり、スタッフの入れ替えが始まった。もう変なことはするな、普通のことをやっとけ、と面と向かって言う幹部もいた。

数々の伝説を残しながら、「ＥＸテレビ」は一九九四年春に終了する。

倉本の担当する火曜日は三月二九日に最終回を迎えた。この日の企画は過去の企画をピックアップして上岡と紳助が振り返りながら、他局にこれは面白いからやらないかとオークションにかけるという「この企画レギュラーでやりませんか⁉」だった。

いきなり、上岡の「この最終回は視聴率機械のあるご家庭は見ないでください。『ＥＸテレビ』最終回は視聴率ゼロでお送りします」というオープニングトークから始まった。「これの企画は面白かったからレギュラーでやったらどうかというものがあります。だからどんどんパクってください。司会者込みで各放送局に入札にかけます」

進行していく司会者二人の回顧と感慨は、総集編のかたちを取りながら、メインライターであった倉本の発想に対するねぎらいのようなものとなった。
街頭で一〇〇人に聞いて一人しか言わなかったマニアックな有名人の名前を当てる「クイズ1人しか言いませんでした」。

上岡　これは面白かった。どこでやっても当たるでしょう

紳助　この一人という設定が良かった。ゼロやったらマニアックが勝ってしまうけど一人だけというのが。ギリギリ。これの企画はよみうりテレビの財産やからセリにかけたらあきまへん

ジミー大西を画伯にするきっかけとなった、芸能人の描いた絵を電話で生オークションにかける「絵画オークション」。

上岡　ジミーの才能はこれで発掘された。

全党の国会議員を呼んで政党対抗で議席数を他党から奪い合う「国会議員クイズ」。

紳助　このあとに自社の連立政権になるとは誰も思っていなかった。今やったらもっとおもろい。

改変期ごとに一斉に始まる新番組のうち一番早く打ち切られる番組を予想する情報バラエティー「新番組ダービー」。

上岡　真っ先に終わると予想した板東英二の「マジカル頭脳パワー!!」がまだやってる。

紳助　森本毅郎も女性問題を乗り越えた。

公開捜査のようなかたちで指名手配中の容疑者に自首を呼びかける「指名手配容疑者に送る自首のすすめ」。

上岡　でも名乗り出る人はおらず逮捕にはつながらんかった。

紳助　これは失敗でした。

そして死期の迫った反骨の鬼才、竹中労を引っ張り出し、上岡、紳助、竹中の頭を上部に座った全裸の女性が股間で挟むような体勢で硬派トークを展開させた「低俗の限界」。

上岡　女の子のヘアが後頭部に当たって顔がにやけるんですが、低俗やないんです。あれは神事のような生きているよろこびの笑いです。

紳助　以来、写真撮影とかで笑ってくださいと言われるとあれを思いだしています。

視聴者から我が家のお宝を募り、持ち込まれたものをプロが鑑定する「家宝鑑定ショー」はテレビ東京がオークションで競り落として「開運！なんでも鑑定団」となった。

倉本にとってもどれもが思い出深いものであった。

EXテレビは九四年四月一日に終了した。

上岡は木曜日の自身の最終回でカメラに向かって「次の番組が惨めに終わりますように」とコメントを吐いて去った。

和気の死

和気が亡くなってしまった。それも夢をかなえる直前に。二七歳の誕生日を翌日に控えた日だった。

美津留が和気の家に遊びに行くと親友はコタツに入っていた。

「おう」

コタツは画家である父親の広いアトリエの一角にあって、和気はいつもそこで描きかけの絵に囲まれて眠っていた。話しこんでいると、ぐちゃぐちゃのテーブルの上に何やら、その場にそぐわない英語の手紙があった。

「ん、なんやこれ?」

封を切られたエアメールには公的な文書を示すレターヘッドが入っていた。

「バークリー、受かってん」

「えっ」

「アメリカにあるやろ。俺、なんかあそこに受かってん」

和気はボストンの超名門、バークリー音楽大学を受験、自作の楽曲をカセットに吹きこんで送っていたのだ。ジョン・スコフィールド、ゲイリー・バートン、クインシー・ジョーンズ、秋吉敏子、渡辺貞夫……錚々たるミュージシャンを輩出したこの現代音楽のメッカは世界一〇〇ヵ国近くの国から留学生が集う狭き門だが、和気は見事に合格したのだ。しかも奨学生として。

「すごいやんけ。でもお前それ、普通は今日一番最初に言わへんか」

「ああ、そやな」

「なんのテープを送ったんや」

「昔、お前と一緒に何本か作ったやろ。あの流れの中で前、聴かせたやつあったやろ」

「ああ、あれか。やっぱバークリーってすごいな。お前の音を聴いただけで来いっていうんやな。すごい学校やな。ほんでお前ももっとすごなるやんけ」

美津留はうれしかった。親友の才能が国を超えて現代音楽のメッカで認められたことが。そしてその親友が相変わらず権威や格式に無頓着で偉ぶらないことが。

「お前、アメリカ行ってますますすごくなるな。俺もすごなるから、そうしたら『すばらしき仲間』に一緒に出ようや」。どんなに才能があってもそれが認知され、広がっていく環境に身を置かなければ、人知れず埋もれてしまう。美津留は高校生のときから、誰よりも早く和気のポテンシャルに気づいていたという自負があった。世界最高峰の音楽教授陣が送られてきた一本の音源でそれを発見した。

バークリーでは世界中からやってくる才能に揉まれ、和気の鋭利なセンスに一層の磨きがかかるだろう。同時にアメリカのミュージックシーンは和気の存在を無視できなくなっていくに違いない。

和気に必要な環境は最高のかたちで整備された。あとは階段を一つずつ上がって世界が気づくための順序を踏むだけだ。「こいつなら飄々とやっていくやろなあ。和気を知ったら、世界中が驚くぞ」。美津留は親友が誇らしかった。

倒れたのは渡米の直前だった。

美津留はともだちからかかってきた電話で「入院した」との一報を受けて思わず「どういうこと?」と問い返した。ガンだった。それから二年、和気は闘病生活に入った。手術をし、抗ガン剤治療を施し、それでも快癒には向かわなかった。若い分、進行も早かった。

いよいよ危ないという日。和気の彼女から電話が入った。

「倉本くん、いよいよ峠らしい。良かったら今日病院に来てくれない」

はじめて仕事を休んだ。和気の病室に駆けつけるとやせ細ってはいるものの意識はしっかりしていて会話もできた。内心ほっとしたが、心配を気取られないようにわざと快活にふるまった。

「なんや、お前いつまで寝てんねん。はよ、起きて海に行こうや」

皆でライトバンを共同購入して若狭の海などによく出かけていた。

「そうやな。今はまだしんどいけどな。皆で海に行きたいな」

和気はいつものように淡々としていた。しばらく話しこんだが、深刻な気配は感じられなかった。

(これなら大丈夫やろう)

「ほんなら、俺仕事に戻るわ」

「そうか。またな」

ラジオの現場に戻った。しかし、事態は急変した。明け方に電話が入り、和気が亡くなったことが告げられた。

「ウソやろ」

和気の死に顔はとても安らかだった。涙は出なかった。真っ先に頭に浮かんだのは「和気の持ってるあの膨大な数のレコードや楽器はどうなってしまうんやろう」ということだった。「こんなときになんてことを考えてるんや俺は」。不思議と悲しさを感じなかった。

和気を自宅に運んだあと、「これ編集してくれない？」と和気の彼女がカセットテープを持ってきた。和気のオリジナルだった。自宅に戻り、デッキにテープを入れて再生ボタンを押した。流れてきたのはレクイエムだった。和気は自分を送るためのインストゥルメンタルの葬送曲を作曲し録音していたのである。自らの「死」を受けとめて作品に昇華させた和気。稀代の作曲家が紡いだ覚悟のメロディーを聞いたとき、はじめて美津留に強烈な悲しみが襲ってきた。葬儀のときに流すためにループ編集をしながら、嗚咽が止まらなかった。翌日、焼香に訪れたバンド仲間のワダは美津留が喉も潰れんばかりに号泣するのをはじめて見た。

ＢＬＴテレビスタッフ山崩し

「ＥＸテレビ」が終了してから一年と半年が経過した一九九五年一〇月。倉本は再び、竹内と梅田に誘われて新しい深夜番組の構成を書くことになった。島田紳助と大竹まことが司会を担当する「ＢＬＴ」である。

最初の会議で言った。「またやれるんはうれしいことやけど、守りに入るんはせんとこう。上岡さんもおらへんようになったし、逆にEXを超えるぐらいのことをせんとあかんと思うんや」

前西和成はこの「BLT」の制作過程を「革命的だった」とまで言いきった。

「僕らはディレクターだから結局どうセット作って、どうやって進行して、どんなかたちにすんのみたいな段取りを考えていくんですけど、準備を考えてまだ企画が見えてないときに、じゃあセットはこんな感じですかねとか定番の型を書いたりしたら、倉本さんに『お前そんなセット見たことあるやろう!』『人がやってることをなんですんねん!』と怒鳴られるんです。クイズ番組なんかは司会者がおってこっち側に解答者が並んでていわゆるL字が定番ですけど、これって要するにカメラが撮りやすいからそうしてるだけで、『それはほんまにおもろいかどうかと関係ないやろ!』と叱られる。ほなまあ、円形にしてみますか、とか、じゃあセット自体が回転したらどうやろうとか、司会者が席なくてええんちゃうとか、毎回セット一つ作るんのにも考えさせられましたね。発想の仕方は勉強になるし、苦労するけど楽しいんです。司会の二人もやりながら平気で今日はおもろいかな、失敗かなってやっていましたから。見えてないことをやるから面白いんやっていうことが、空気感ですごくありました」

テレビはおもんないなあと思っていた前西にとって目から鱗が落ちるような極めて新鮮

な番組だった。

第一回にぶつけた企画が「テレビスタッフ山崩し」だった。

子どものころに砂場でやった山崩しをテレビ番組でやってしまおうというものである。一つの番組にはプロデューサーからカメラ、音響、照明、ADに至るまで、エンドロールに流される多くのスタッフが関わっている。これを司会の二人が番組中に、必要ないと思うものから外していき、指定されたスタッフは仕事場を離れていく。放送ができなくさせてしまったほうが負け。

「うーん」

企画を聞いた梅田が唸った。

倉本と梅田の創作の関係にはいろいろなバージョンがあったが、まずは対立から入るのが典型だった。倉本がアイデアを出して梅田が否定をするのだ。会議ではそこで倉本が怒って議論が進んでいく。このときもそうであった。

「これはできへん」

「なんでや?」

「一個一個、スタッフを抜いていくて、どういう展開になるんや、これ? 先が分からんやろ」

「それが分からへんからおもろいんやんけ！」

「放送事故になってまうやろう、この流れやったら」

「大丈夫やって。お前『低俗の限界』は過激でも展開は分かるから行ったのに、これは読めへんから怖いんやろ」

「そもそも照明スタッフを帰してもうて電気が消えたら何も映らへんやんけ」

「何を言うてんねん、真っ暗になったって三〇秒になるギリギリ前で蛍光灯をつけてもええやろう」

「そもそもが、何から崩していくのかも司会のアドリブやろ？」

「だから、ええんや」

「対応できるか。いきなりいろんなもんが消えたりしたらどうすんねん。むちゃや」

「むちゃこそやらなあかんやろ」

「いやあ、これは番組にならへんやろ。あかん」

梅田にしても既成のテレビを壊して新しいものを作りたいと常々闘ってきたディレクターである。しかし、フリーのクリエイターと異なり公共の電波を預かっている責任はある。梅田以上に自主規制してしまう丸い作家は山ほどいて、それをつまらなく思っているからこそ倉本との仕事を大事にしているのだが、さすがに今回ばかりは頑強に反対の姿勢を崩さなかった。倉本は激怒した。「そんなんやったら俺、この番組に関わる意味がないわ！　もう辞める」。会議室から飛び出した。二人のものづくりの関係において立場の上下はなかったが、役割として梅田がゴーを出さないと企画はやれない。

局の外まで行くと、ＡＤが走って追いかけてきた。「すんません、待ってください」「なんや」「梅田さんが戻ってこいと言うてはります」

しぶしぶ部屋に戻ると、「お前、こんなんで番組辞めんのか」と言われた。「辞める。俺がいる意味がない」。どこまで異質な奴なんや、と梅田は思った。しかし、そこまで言うなら賭けてみようかという気持ちになった。「分かった。やるわ、山崩し」

「ほんまか！」

「やる。その代わり、生は勘弁してくれ。ＶＴＲで生みたいに撮るから」

「よっしゃ」

スタッフを誰から外していくのか、その順番は本番のノリを優先するので事前には分からない。何があっても対応できるようにリハーサルは入念に行った。美術スタッフを帰したときにはセットも一緒に運び出してしまうのでそれをどう撮るのか。カメラマンを外したときはカメラを固定して回しっぱなしにしてしまうので、どのアングルでどのサイズにして離れるのかを確認した。アドリブを生かすために綿密に準備して臨んだ。

本番当日、紳助に台本を見せたら、メチャクチャ乗り気になった。「これはおもろいやんけ」

収録の幕が開いた。

紳助が語りだす。

「栄ある一回目なんですけども、今日はですね、テレビスタッフ山崩しというゲームをやろうと。子どものときに砂場で山を作って、上に棒を立てて、少しずつ山を崩して、棒を倒した人が負けと。それをテレビでやります。いかに棒を支えるために多くの人がテレビ界にはたずさわっているか。この表がですね、この番組にたずさわっている人たちの仕事場です」

後ろにパネルが登場してスタッフの職務がずらりと描かれている。それぞれのタイトルが書かれたシールを剥がすとその下には具体的な仕事内容が記されていて、説明がなされるという段取りである。

「これを我々番組中に、いらんなと思うものを外していくんです。するとその人は、帰っちゃいます。いくつか減らしていくと、どうしようもないものが出てくるんですよ。たとえば、音が流れない。たとえば映像が出ない。それが数秒続くとテレビ界では放送事故と

クレーンカメラ	ミキサー	美術制作
クレーン アシスタント	フロアミキサー1	デザイン
照明ディレクター	フロアミキサー2	大道具1
照明フロア	フロアミキサー3	大道具2
電飾	ビデオエンジニア	小道具

言いまして、ブザーが鳴ります。緊急の。これを鳴らしたら負け。これをたくさん鳴らしたほうが負け」

相方となる大竹まことが入る。

「鳴らすの好きなんですけど」

「鳴らすんが勝ちじゃない。鳴らしたら負け」

「負けなんですか。勝ちかと思った」

「いわゆる棒倒し。棒倒ししたら負け。何回倒さないかという。今スタッフ全員います」

紳助の仕切りは秀逸だった。下手をすれば説明過多になりそうな企画を軽妙にさばき、あっと言う間に意図とルールを理解させてしまう。

「だいたい我々はテレビ出てますけど、このスタッフの人たちが何をしてるかというのはよく分かってない」

「これ（チーフプロデューサー）を外していった

チーフプロデューサー	タイムキーパー	スイッチャー
プロデューサー	音響	1カメ
ディレクター	構成	2カメ
フロアディレクター1	スタイリスト	3カメ
フロアディレクター2	メイク	カメラアシスタント

ら、勇気あるぞ」

ジャンケンが行われて紳助の先攻で始まった。

「まず無難なのいきますわ。フロアディレクター2」

「これはいらないよね」

「テレビ界にいらんのじゃなくて世の中にいらんのですわ。どんな仕事してるかと言いますと」

パネルのシールを剥がして下の説明を読み上げて解説する。

［フロアディレクター2］
本番中はスタジオで、小道具のセッティングや、電飾への指示などを行う

「やっぱそうでしょ。『本番中はスタジオで、小道具のセッティングや、電飾への指示を行う』。誰？」

フロアの若者が手を上げる。「僕です」

「セカンド？　退場。帰り。電車あるからタク券でえへんで」

次に大竹がメイクを指さす。「これいらないだろ」「いらんよ。メイクさんなんか始まったらいらんもん。俺らメイクはいらんねん。役者さんにはメイクがいるけど」

メイクが二人の顔を直して帰ってしまう。

紳助は次に何台もあるカメラに目をつけた。

「俺いらんと思うのんな、クレーンカメラ」

「俺もこれは思ってた」

「いらんねん。あ、待って、クレーンアシスタントいらんのや、まず」

「クレーンアシスタントっていうとクレーンを操作する人でしょ」

紳助はアシスタントに絡みだす。

「このお兄ちゃんがよう怒られんねん。どこやっとんねん、こっちやらんかいって。カメラマンって偉そうに言うねん。下っ端のときに偉そうに言われたから。カメラこう回しながら、カン！蹴ったりするやろ」

［クレーンアシスタント］

クレーンの動きをコントロールする。本番中はカメラマンの乗ったクレーンの移動や、上げ下げなどを操作

クレーンのアシスタントを返したあとで後攻の大竹が禁断の領域に入っていった。

「カメラはやっぱし多いよね。それで次、構成って何やってんの」

紳助も同調する。「あ、構成いらん」

「これ倉本だろ」

早々に構成作家に目をつけた。

「番組構成なんて全然いらん。普段けえへんもん」

「こないだろ。お茶飲んで帰るだけだ」

［構成］

番組の企画、構成及び台本の作成。本番中はスタジオで番組内容をチェック

紳助が「チェック？　してへんしてへん」

倉本もアドリブで返す。

「してます」

「いいや、退場」

「おい、倉本！」大竹はこの企画に対するリスペクトからか、ただでは帰さずに名前を挙げてさらに絡む。

「はーい」

「バンドばっかしやってんじゃねえよ、お前は。俺あいつの番組（倉本が主役のドキュメンタリー）のナレーション入れさせられたことあるんだ」

こうして容赦なく、発案者が消された。

続いて先攻紳助。

「僕無難なとこいきますわ。チーフプロデューサー」

「無難じゃないよそれ」

［チーフプロデューサー（CP）］
番組の最高責任者であり、番組内容を管理する。本番中は、スタジオで見ているだけだが、タクシーチケットを握っている

「いいよ俺今日車で来たから。帰ってもらいましょう」

「大胆ですね」

「帰しましょうどんどん。プロデューサーもいらんよ」

「そうですか。プロデューサーって誰？」

［プロデューサー（P）］
タレントのブッキングや、予算を組むなど、番組を総合的に演出する。本番中は、スタジオで番組内容をチェック

紳助が最高責任者に向けて毒づく。「仕事なんかあらへんもん。予算組むほど予算あらへんもん」「赤字を出さないように。今日はカネかかってないもんね。梅田、いらないって」。大竹に名指しをされてついに梅田も帰された。

「次はカメラや。3カメさん？　帰らんかいな」

「スタジオは右方向から被写体をねらうカメラ。本番中は島田紳助を中心においしい映像を撮る」

「ほな帰って。3カメさん帰ってください。いらんのや。カメラなんて、普段四つも使ってるか？」

画面が一瞬暗くなる。3カメのカメラマンが帰る際にカメラにフタをしたからである。最初の放送事故か！　と思われたが、すぐに別のカメラに切り替わった。

「3カメのアシスタントを昇格させようか、そいじゃ。アシスタント、カメラ持たして。昇格だよ」

紳助が励ます。

「君、できるよ。たいしたことあらへん」

「できるできる。たいしたことやってないじゃない」

「一緒や一緒。理屈は一緒や。君も将来はカメラマンになるのやろ？」

「いやあ」アシスタントは煮えきらない。

「ならへんの？　パートでやってんの？」

「パートでこんなことやるわけないでしょ」

このあともクレーン、小道具、電飾をどんどんと帰してしまう。

紳助が、「今日は景気低迷のせいで番組中にリストラをはかってる」と言いだした。言い得て妙である。

［スタイリスト］

タレントに似合った衣装を選び着用させる。本番中はスタジオで待機し、最終的に衣装を持ち帰るまでが仕事

スタイリストを帰してしまったので衣装を脱がされてしまう。

大竹が怒る。

「なんだよお前」

「ほんまな、おいはぎみたいなことして」

「ここで脱がせることないだろ、カメラ回ってるんだから」

「困ったな。あんたがスタイリストの札めくったんだから、あんただけ脱いだらええよな。俺めくってへんやん」

「紳助さん、Tシャツ着てないんですか？　すんごいパンツはいてますね。ラジカルなパンツだな」

私服に着替えた紳助は近所に煙草でも買いに行くようななんとも雑ないでたちだったので拗ねる。

「これパチンコ屋でとったパンツやねん。普段なんちゅう格好してんねやと思われるわ。こんなふざけた格好でテレビ局来てんもん。だって家からここ来るのに誰も会わへんもん」

着替えを見届けたスタイリストが、お疲れさまでしたと挨拶して去っていく。

「楽しそうですね。今のところまだ事故になってないですよ。紳助さん」

「僕の番ですか。大道具いこう。なんやろう。何を持って帰るちゅうんやろう。大道具1っちゅうのは、どれや」

「もう剥がしちゃいましたよ」

［大道具1］

美術セットの建て込み及び製作を行う。本番中は、幕やロープなどの大きなセットを管理する

「本番中は幕やロープなどの大きなセットを管理する。あっ、動きだしたで。えらい人ぎょうさんおんね」

「たくさんいるね。元気いいじゃん」

「これあんたらみな、大道具？　あんたらの仕事なの？　これはまいったな。こんなえらいことになる思わへんかったな」

あっと言う間にセットがばらされて素のスタジオになってしまった。

「引っ越し現場にいるみたい。みんな持って帰るか。差し押さえられたような気分やね。気持ちええわ。また1からやり直そう。さあ、大竹さんどうぞ」

「私ですか。大道具はすごいね。一瞬のうちに倉庫みたいになっちゃったもんね。あとは、タイムキーパーっていうのは？」

「あかん」

「これダメ」

「タイムキーパーはあかん。タイムキーパーがおらんかったら俺ら番組が終わったの分からなくて朝までやってるかもしれんぞ」

大竹はデザインを帰した。

「これいらないよね。だってないもんなデザインするもの」

「カメラ多いよ、大竹さん。カメラ2台もあるもん」

「さっきからね、1カメの動きが少ない」

「帰らそう。カメラが一台しかないということは、スイッチャーはいらんわけや！」

1カメもスイッチャーも帰った。

「減ってきたな。カメラさえな、スタジオにおいてってくれたら俺らがやるねんけどな」

「お互いに撮り合って」

2カメだけを残した。ここで紳助が自分たちが技術オンチであったことを吐露する。

「我々びびりやね。このへん（フロアミキサー1、2、3）触りにくい。なんでかって言ったら、分かれへんねん。ミキサーとか」

「これどっちかが紳助さんのマイクでどっちかが俺のマイクだよ。それで残りがスタジオのブームだよ。三つあるうちの紳助さんと俺のが生きてればいいだろ」

「そうだよ。ブームがいらんのや。あの上の大きいマイク。これいらんねん。これが1か3かや。ちゃんと業界で決まってるんやろうね。大竹マイク、島田マイク、きっと3ですよ」

ここから放送事故上等のロシアンルーレット状態に突入する。

「いやいやいや、紳助さん、スタジオが1じゃないかな」

「いやいやいや、3やて」

「3かね」

「絶対3。いけ！」

［フロアミキサー3（FM3）］
ブームマイクと呼ばれるサオ型のマイクを担当する。本番中はブームマイクを振りながら、スタジオ全体の音をフォロー

「ああ、そうだ。正解。お疲れさまでした」

二人のマイクは落ちなかったが、紳助はもう一つでやろうと言いだした。

「次僕でしょ。マイク帰らしましょうよ。二人で近づいて大竹さんのマイクでやればいいんですもん」

「もう離れられない（笑）」

「俺ら離れえへんかったら2カメさんも映しやすいし」

「ははは。気持ち悪いでしょ、一つのマイク二人で使ったら」

「いったんコマーシャルです」

倉本と梅田は帰らされたので前室のモニターで進行を見守っていたが、十分な手ごたえを感じていた。この企画はテレビスタジオの社会見学であり、仕分け作業でもあり、予測不能のドキュメンタリーでもあった。あらゆる要素が渾然となって映像として表出しているのだから、面白くないはずがなかった。

ＣＭが明けると紳助はスタッフが多すぎたんやと怒りだした。

「こんだけのスタッフでもテレビはできるっちゅうことですよ」

「そう」

「できんのよ。多いねん、だいたい。こんなんいらんねん。フロアディレクターいらんもん。もうコマーシャル四つやったもん」

［フロアディレクター１（ＦＤ１）］
Ｄの補助。本番中はスタジオでインカムからＤの指示を受け、タレントへの時間出しや、カンペ出しを行う

「番組中Ｄの指示を受け、タレントへの時間出しやカンペ出しをする。カンペなんて出してへんやないか。ＣＭて出してるだけやないか」

「はい退場。竹内退場。」

演出の竹内も退場させられた。

「さあ、次」

大竹が美術を指さした。「こいつだろ。もっと最初にいらないと思ってたんだよ」。

［美術制作］
美術セットの予算組みなどを担当する美術の総責任者。本番中はサブのモニターで、セットの映りぐあいをチェック

解説を読んで紳助がまた怒りだした。

「サブでセットの映りぐあいをチェック？　ふざけやがって。映りぐあい悪かっても本番中直しようがないやないか！　そうや一番はじめにいらんかってんこんな奴な。次はタイムキーパー」

「そうだよね、コマーシャル四つやったし。時間もあと一七分ぐらい」

「よっしゃ。タイムキーパー」

［タイムキーパー（TK）］
番組の進行時間を管理する。本番中は、番組を時間内に収めるために、サブで、ストップウォッチで時間を計り、Dに伝える

「本番中は番組を時間内に収めるためにサブでストップウォッチで時間を計り、Dに伝えるって、Dがストップウォッチ持てっちゅうねん。この不況に」

「ははは」

「まだ他もいけるか。これは分かるわ、大道具2は絶対これ（パネル）や。これなくなったらつらいわ。何やってるか分からへんもん」

「これと2カメだけは絶対ダメ。ディクレター」

「いらんね。ディレクターいらんのや。なかっても番組できんのや。村西（とおる）監督なんか自分でやってるもん、番組撮りながら」

AVの手法の話をまじえながら、仕分けはハイピッチで進む。

［ディレクター（D）］

番組の準備から放送まで、具体的内容を決定する役割。本番中はサブからインカムを使って各セクションに指示

「本番中はサブからインカムを使って各セクションに指示を送るんが、もうその各セクションがいない」

「帰った？」

「帰った帰った」

［照明フロア（LF）］
スタジオの照明器具をセッティングする役割。本番中は、照明器具に不備がないか、スタジオでチェック

「本番中は、照明器具に不備がないかスタジオでチェックや、バカヤロ。チェックする奴が多すぎんねん」

照明をいくつか持って帰る。

「え、なんだよそれ、それだけかよ。あ、セットに当ててた照明か」

紳助は一つの真実を看破したかのように言った。

「な。チェックや。よう考えたら本番中ぎょうさんスタジオに人間おる思ったら、チェックしてる奴ばっかりやないかい」。チェックの名の下に不要な奴が多かったというのだ。

「働け！」

［フロアミキサー2（FM2）］

大竹用のマイクを担当。本番中はスタジオで使われる大竹用のピンマイクを管理

複数カメラもセットも小道具もフロアの明かりもなくなり、マイクもついに紳助のもの一つだけになってしまった。

「でもすごいもんよね。こんだけできんねん。これでもテレビは流せんねん。我々がクーデター起こしたらこんだけおったらいいねもん。こんで政見放送バー流したらええわけや」

「五人もいればＯＫ」

「クーデターに大道具2はいらんもん。照明いこう。いらんよ、もう、明かりなんて。電気照明消えて事故になったら、数十秒したら水銀灯つくはずやもん」

「俺ちょっとライターつけとくから」

「そうしてください」

［照明ディレクター（LD）］

照明のプランニング、総指揮を担当。本番中は、場面ごとに、サブで、適切なライティングを決定していく

「帰れよ。あ、消えた。水銀灯つくで。もうじき。水銀灯って、こんなん？　映ってる？　我々。しもたな。こんな暗くなるもんか？」

「次は俺の番？　どっち？　聞いても誰も答えないよね（笑）」

もうほとんどスタッフはいなくなった。さびしいスタジオである。

「答えるやついいひん。いきますよ」

［ミキサー（MIX）］

音楽及び人の声など放送される音の全てを指揮。本番中はサブで、ミキサー卓のつまみをコントロールし、全ての音量を調整する

「ミキサー卓のつまみをコントロールし、全ての音量を調整する」

「どうでしょう。これ消せば分かる」

ミキサーがつまみを下げて音が消えた。途端にサイレンが鳴り、モニターに「警告：このままでは放送事故になります。」のテロップが出た。

ミキサーが慌てて卓に戻った。

紳助がその様子を見てからかった。

「奴は今すごい優越感やと思うよ。こんだけ人がいなかっても俺がいないと困るて」

「俺は必要な人間なんだ」

「俺はすごいテレビ界に必要やと思ってるけど、彼にも落とし穴があんねん。彼が必要じゃない、彼じゃなくてもいいねん別に。スイッチが必要やねん」

「次はビデオエンジニア。これなんだか分かんないから」

「いっぺん様子見る？　どんなふうになるか」

ビデオエンジニアのパネルシールを剥がして読み上げる。

［ビデオエンジニア（VE）］
各カメラの映像のバランス、明るさを調整する。本番中はサブでモニターを見ながら映像に異常がないかをチェック

途端に紳助が頭を抱えた。

「ああ、こいつもチェックだけ、いらんねや！」

「しまった！」

「こいつ重宝に、大事に思いすぎたな」

「大道具2、美術セットの建て込み及び製作を行う。本番中は、パネルを担当する」

「本番中はパネルを担当やて。こんなパネル二人がかりで仕事しやがって」

ついにパネルまで撤去されて残り少ないスタッフタイトルの紙だけが地べたに置かれた。

「座りましょか」

床に置いた「ミキサー」「フロアミキサー1」「2カメ」の三枚のめくり紙の前にしゃがみこんだ。

紳助はここまでが限界と見極めた。

「もう触ったらいかんのや。ミキサーとピンマイクと2カメさん。俺ら負けやわ。でもすばらしいよこれ。一回しか鳴らしてないもん。いいとこまで行ったもん」

「VEさんを最後まで残してたのがちょっと失敗だっただけだよ」

満足気な表情で振り返った。録画とはいえ、一発勝負の収録だったのでリアルな爽快感がある。「そうそうそう。エンジニア。あれ分からんかったね。これいけるよ、企画。どうですか」。腰を下ろしたまま、紳助は何やらここで暗示的とすら言えるコメントをした。

「自分の最後は、楽しい芸能生活だった。まあ考えりゃあ、嘘ばっかついて金儲けたんやから、こんでしゃあないよな、と思いながら、最後こうやってスタジオを去っていくんでしょうね」

「たくさん嘘ついたもんな（笑）。嘘つくのは、でも、仕事だからな」

「最後、誰もいないスタジオを閉めて出て行くときは我々は引退のとき。最後の一言で、ごめん、俺ほんまは普通の奴やった」

「はははは」

さびしげに笑う二人を唯一残った2カメが引いていく。

「ほら、見てよこの絵。サイテーだな（笑）。これ全国ネットで（笑）」

「見てみ。音声さんが、今こうやってカメラの配線持って2カメさんに協力して助け合う姿、こういう姿、みんなな、なぜ普段そういう気持ちにならん？」

「そうだよ。普段カメラはアシスタント蹴ってるもんね」

「俺はミキサーやからカメラの用事はできへんとかいう変なプライド捨てて。こういう不景気な時代に、そら結果的には、みんな助け合って、マイクつけたあとはずっと、カメラの線さばいて日当五〇〇〇円増やしてもらうとかね」

「俺がやるよ、それ」

大竹はミキサーのスタッフが持ってるコードを奪いに行く。

「もう帰っていいよ。俺がさばくよ」

「あ、大竹さん、まだいらんもんあるよ」

紳助はいきなりミキサーに話しかけた。

「兄ちゃんしゃべって俺ら帰んねん」

最後に自分たちタレントもいらんもんや、と言い放ってミキサーに締めの仕切りを任せたのである。

「はい、君マイクもって。最後エンディングさよなら言って。俺ら帰るから」

「そうそう、全国のみなさんに」

紳助と大竹も姿を消した。薄暗いスタジオにたったひとりぽつねんと残されたミキサーがつぶやいた。

「それではまた、来週も、見てください。お疲れさまでした」

こうして「テレビスタッフ山崩し」は見事に成立し、幕を閉じた。

松本人志との邂逅

ダウンタウンは無名時代が決して短くはなかったが、目利きの間では早くから注目を集めていた。毎日放送の田中文夫は家路に急ぐ車の中でたまたまつけた自局の深夜放送で偶然そのトークを聞いて驚いた。

「なんかチンピラが二人でしゃべってるような口調でね。松本が最近観たというSMのAVの話を、しかもちょっと凄惨でええっと引いてしまうようなビデオの話を浜田にしとったんです。ところがそれがメチャクチャ面白かったんですよ。こんな下品なしょうもないネタやのにそれで笑わしよるこいつらは何モンやと思って聞いてたんですが、そのうちに家の駐車場に着いてもうたんです。それでもこいつら誰か分かるまで寝られへん。じっと待ってたら、深夜三時になってエンディングで『お相手は浮世亭三吾十吾でした』。また嘘を言いよったんです」

田中は翌日、会社でラジオの担当に聞いた。

「昨日の深夜に若い漫才コンビがやっとった番組あったやろ。あれ誰や？　浮世亭とか名乗っとったけど」

「ああ、『真夜中のなか』いう番組です。出とるんはダウンタウンいう奴ですわ」

「真夜中のなか」は全く無名であった二人を毎日放送ディレクターの増谷勝己がいきなり深夜枠のレギュラーに据えた番組であった。ダウンタウンのはじめてのレギュラーはラジオ大阪の「おっと、モモンガ！」（一九八五年一〇月）であるが、これはすでにあった番組のリニューアルにともなって金曜日担当として起用されたものだった。立ち上げからダウンタウンをメインとしてフィーチャーしようとしたのはこの「真夜中のなか」が最初と言えよう。


実質的なラジオデビューをさせた増谷はこう回顧する。

「僕はかなり前からダウンタウンが大好きでね。まだそんなに売れてないころからなんとか、あいつらと番組したいなというのがあって、当時のマネージャーやった大崎さんに、『ちょっとなんか、できんかな』って言うたら、『梅田花月に観にこいや』と言われて行ったんです。昼間のステージでしたし、弁当食いながら見てる客ばっかりなんですけど、そこへだらだら出てきてね、あの二人のタッチで、なんの挨拶もなく、きたない普段の服装で、漫才を始めるんですわ。それがめちゃめちゃ面白かったんですよ。なんのネタだったか忘れましたけどね。そういう状況でも、あ、やっぱりこいつら、すごいなあっていうのを実感して、ぜひとも早くなんかやらしてよっていうので、深夜のラジオをやらしてもらったんです。それが『真夜中のなか』。ディレクターの僕、ミキサーさん一人、あとダウンタウンで四人、それだけですわ。ADもなんにもいないです。お金ないですからね。深夜の二時に彼らは千里のスタジオまで、来てくれてたんですよ、わざわざ。ははは。内容はフリートークですね。ハガキを読んだりはしましたけども、夜中なんでそないきませんわ。変なマニアックなファンからはなんかよう分からんのがきて、それ読んで楽しんでるとこもあったんですけど。なんか、松本は軽自動車かなんか夜中に自分で運転してスタジオのある千里まで来てました。それからしばらくしたら車が良うなって、おお、羽振りええなあとかいうのがなんか覚えてますわ」

コンビ名を深く頭に刻んだ田中はやがて、この二人を使って夕方の帯番組をプロデュースする。それがダウンタウンの人気を一気に爆発させることになる一時間の生の公開番組「4時ですよーだ」である。テレビにとって一六時という時間帯は中途半端で、帰宅した中高生だけではなく、主婦層もターゲットになる。通常は若い観客にキャーキャー言われるMCには顰蹙を買わせないために客席を静かにさせてから話させるのが定番であったが、田中はその逆を行った。ダウンタウンを登場させるときはリミッターが振りきれるくらいの歓声を延々と上げさせたのだ。うるさがってチャンネルを変える視聴者もいただろうが、逆に「これは誰が出てるの？」という関心を喚起する作戦が図に当たり、視聴率が上がっていった。

倉本がダウンタウンをはじめて見たのは、担当していたラジオ番組「ヤングタウン」の現場にパーソナリティーの島田紳助が二人を連れてきたときだった。

「吉本が芸人養成のＮＳＣいう学校作りよったんや。どうなるか分からへんけど、一組だけおもろい奴がおんねん」と紳助はかねてより話していた。それはスタッフの誰もが知らないコンビだった。「お前らあれ、やれ。あの『誘拐』のやつ」。いきなり紳助がスタジオで振ったのは後に上方漫才大賞を受賞するネタだった。

松本人志と浜田雅功によって目の前で展開されるやりとりに倉本は衝撃を受けた。

「もしもし、お前とこに小学校二年生の子どもがおるやろ」「はい」「うちには六年生がおんねん」

「お前んとこの息子な、俺が預かっとんのや」「ええ！」「お前が朝、預けていったんや」

「身代金持ってこい」「どちらに」「うち二丁目の松本や」

「金額５００マンや」「ええっ」「高いか。俺も相場分からへんのや」

「持ってくる時間、遅れんなよ」「はい」「遅れたら先行くぞ」

誘拐犯が保護者に対して電話で脅迫する。その設定の中で客が思い描く予断を淡々とスカしていくという構造は倉本が奇しくも学生時代に創作していたラジオコント（同じく誘拐ネタ）と発想が似ていた。

ただ一点、大きく違っていたのは、用いる言語であった。モンティ・パイソンやスネークマンショーに影響を受けていた倉本はそういうシュールな笑いは標準語で構築していくものだと思っていたのだが、目の前のダウンタウンは普通に大阪弁で演っている。大阪弁のコントは感情過多のベタになると敬遠していたのが、それを自分が最も面白いと思うシュールな構造に乗せてやってのけているのだ。客観的に見ているだけで大きなショックだった。

「新人やけど、全く別次元のステージに立ってるわ。浜田（雅功）の、笑うきっかけを与える機敏なツッコミもすごい破壊力や」

最初の出会いは作家としてゲストの漫才を一方的に見たほんの数分にすぎなかったが、忘れることのできない強烈なインパクトが脳裏に刻みこまれた。

あらためて彼らに注目していると「妖精」というネタに遭遇し再び驚愕する。ハイキングをしている男（浜田）が森で妖精（松本）に出会う。一度目は上機嫌でさわやかに挨拶を交わす。ところが振り向くと今度はぶちキレていて、いきなり恫喝される。その間に妖精に何があったか、誰も分からない。何が言いたいねん、という全くの不条理。

「これはダリの『アンダルシアの犬』やないか。こんなシンプルな構成の中で裏切りとファンタジーを両立させてる。笑いをこんなシュルレアリスムに昇華できるんや。こいつらはすごい」

日本ではまだ誰もやったことのないシュルレアリスムの世界に笑いを落としこんで昇華させるという実験。それでもこの二人の才能にはまだ所属の吉本の中ですらほとんどの人間が気がついていなかった。ポテンシャルのすごさを理解し、応援しようとしている人間は二、三人しかおらず、逆にそういうスタッフは固陋なほどにダウンタウンを守ろうとしていた。

「ヤングタウン」での出会いがあってから数日後、嘉門達夫のイベントにダウンタウンが出演することになり、以前から倉本のセンスに注目していた嘉門のマネージャーがコントの台本を依頼してきた。あのコンビに書けるのかと思って勇んで執筆して楽屋に最初の打ち合わせに行くと、そこには浜田と渋い表情の現場マネージャーがいた。松本は定時に遅刻して来ていなかった。マネージャーは必死になってダウンタウンを守ろうとしていた。

開口一番「こいつらはこれからどんどん行く奴やねんから、めったなことはせえへんで」と言われた。ハナからピリピリした好戦的な態度だった。

「ほんで、君の書いたホン見せて」

「これです」

一読するや不機嫌に声を荒らげた。

「……あかんな。これはやらされへん！　ファンが嫌がる」

（うわー、怖っ）

そうこうしているうちにようやく松本がやってきた。しかし、天才は自分が遅刻したことに逆ギレしていてすこぶる不機嫌になっていた。ぶすっと黙りこくったまま挨拶さえもしない。打ち合わせどころではない不穏な空気が充満していた。

（あかん、マネージャーはプレッシャーかけてくるし、松本はめっちゃ機嫌悪い。何やこのムード）

「今度、嘉門さんとやる本を彼が書いたんやけど、一応見てみる？」

マネージャーが台本を渡すと松本は物憂げに受け取ってパラパラとページをめくった。緊張が走った。松本の笑いに対するストロングスタイルは当時から徹底されていてどんなに仕事がなくても面白くないものは絶対にやらないという姿勢を貫いていた。

しばし内容に見入ると「分かりました」とポツリと言った。受けいれたのだ。本番もなんの抵抗もなく無事に終えた。最初の打ち合わせ以外はなんの接点もなかったが、倉本のホンをダウンタウンが演ったこれが最初であった。

数ヵ月後、倉本が「ヤングタウン」の現場に行くと紳助がこの番組を卒業したいという意向を伝えてきた。ついてはパーソナリティー枠を信頼する若手ダウンタウンに渡したいという。自然な流れだった。タレントは変わっても倉本はそのまま作家として残る。

「ああ、来たか」と思った。俺は誰よりも彼らの笑いを分かっているという自負があった。全く売れていないころから、「何か手伝えたら、僕は誰よりも君らの力になれるで」と言おうと思っていたくらいだ。

「自分が一番面白いと思ってることを表現する肉体と脳を持った人間と出会えた」。仏教でいう邂逅だった。ついにパーソナリティーが交代して番組がスタートした。

「ヤングタウン」でダウンタウンと一緒に仕事をする上で決めたことが一つあった。

それは松本人志と口をきかないということだった。元来シャイな松本は外部の人間とはめったに雑談をしなかった。スタッフとも気軽に言葉を交わすことがないのだ。

ならば、こちらからも馴れ馴れしくしゃべりかけはしない。倉本は意地のように挨拶以外は会話を交わさなかった。その代わり、作家としてのコミュニケーションに全力を注いだ。リスナーからのハガキを渡す際にそのチョイスと順番に徹底的にこだわったのである。「会話はないけど、出すハガキで勝負や」「この構成なら絶対面白く展開してくれるやろ?」という無言のメッセージだった。一応、事前に順番は決めておくが、トークは生ものである。このあたりは予定調和を排した「夜クネ」での現場経験が活きた。ダウンタウンの話の広がり方によって入れ替えたり、ボツにしたものを復活させたりして臨機応変に対応した。耳打ちをする代わりにハガキでスイッチを入れるのだ。「次はこれや」「ほら、こんなにおもろなったやん」。さらに、本当に面白いと思ったときにしか盛りあげ笑いはやらないと決めていた。タレントの振りに、スタッフが盛りあげようとして本番中に大笑いする慣習が倉本は大嫌いだった。「本当にすごく面白いときしか笑わない」と心に決めていた。ダウンタウンの放送に臨むと彼らの言葉や発想が潜在意識にビシビシと突き刺さってきた。何気ないトークの中にも必ずシュールが入っているのである。番組がある日の晩はしょっちゅう夢にダウンタウンが出てきた。他の芸人とも番組を作っていたがこんなことはついぞなかった。

二時間半の番組中、松本とは一切の会話を交わさずただハガキを渡すだけ、という仕事を半年ほど続けた。ある日、珍しく番組メンバーで食事に行くことになった。そのとき松本が突然言った。「僕、倉本さんがどんなところで笑うのか、だんだん分かってきました。倉本さんが笑うかどうかで判断をしてるところがけっこうあるんです」

ストイックな対応が響いた瞬間だった。

倉本は私語を交わすようになってからはじめて言った。「君はアートと笑いを一緒にできる人やと思っている」。松本はモンティ・パイソンの影響を受けているのかと思ったら、その存在すら知らなかった。

「言っとくけどキミ、天然シュルレアリストやからな」

のちに松本は倉本を追ったドキュメンタリー番組（「NONFIX～世界の坂本龍一を呼びつけた男～」）の中で「倉本さんはほんま笑わへん。ほんまに面白いときにしか笑わへんから、もっと笑えやって腹が立った。ほんまに腹立つくらい笑わへんけど、でもそれが信用できたんや」と語っている。

それはダウンタウンが最初であったが、その後も才能があるにもかかわらず、感度の鈍い周囲のスタッフから認められない新人に対しては無償で肩入れをしたくなる性癖は変わらなかった。

あるとき、某局のプロデューサーが新人芸人を集めてオーディションを行っていた。同じ局で収録をしていた倉本はたまたま時間が空いたのでのぞきに行った。

はじめて見る無名のコンビがネタを披露していた。面白かった。荒削りだが、そこで繰り広げられる不条理な言葉の羅列とシュールな構成は、「誰もやっていないことをやってやる」という破壊と創造の気概に満ちていた。コンビはのちの「よゐこ」。このときは改名する前で「なめくぢ」という名前で活動していた。「ふーん、こいつらおもろいやん」

ところが、プロデューサーがいきなりダメを出した。「お前らのはネタやないわ！　なめてんのか！」。自分が理解できないもの、はじめて遭遇したものをハナから否定するタイプの演出家だった。ひどい罵声を浴びせ続け、その上で自分の「お笑い論」をぶち始めた。「フリがあってオチがあるんや」。それはスノッブな自慢がちりばめられた型どおりのものでしかなかった。そんなものを今から作ってどうする。

聞いているうちにだんだん腹が立ってきた。（分かってへんのは、お前やんけ！）こういう輩に若い才能が潰されるのは許せん、と思った。

落胆したなめくぢがまさに塩をかけられたようにシュンとしてオーディション会場から出てくるのを待ち伏せして捕まえた。名乗りもせずにいきなり熱く語りだした。

「あんな、お前ら俺のこと誰か知らんと思うけどな、とにかく言うとく。あのおっさんの言うてることは全部間違いやからな。お前らおもろいからな！　自信持てよ！　おっさんの言うこと絶対に聞くなよ」

その後、倉本はメインで担当することになった新番組「すとらびん式」になめくぢを出演させることをスタッフに宣言した。「俺はあいつらを使う。ド素人の新人と言われるかもしれんけど、使う」

所属の松竹芸能に「おたくのなめくぢをレギュラーにします」と連絡したら「なんであいつらですの?」と逆に驚かれた。

委細構わず、起用を決めると毎回違ったコンビ名にして徹底的にシュールなコントをやらせ続けた。深夜枠の放送であったが、「すとらびん式」は今でも心に引っかかる番組として根強いファンがいる。

痛快! 明石家電視台

増谷勝己は先述した通り、ダウンタウンに早くから注目し一九八六年に「真夜中のなか」で二人を起用したディレクターであった。それ故に田中文夫は「4時ですよーだ」を立ち上げるにあたって増谷をスタッフとして呼んでいた。ダウンタウンの深夜二時のラジオ番組から夕方四時のテレビへの移行は当初、不安視する声もあったが、増谷のサポートも奏功し予想を数十倍も上回る大ブレイクとなった。

「若い奴らに(ダウンタウンは)刺さるやろうとは思ってましたが、あそこまで女の子を

引っ張るとは思わなかったですね」（増谷）

目利きであり、演出も狙いを徹底的に納得するまで追及する増谷は毎日放送で最も怖いディレクターと言われていた。

その増谷が今度はさんまとテレビをやりたいと考えた。一九八九年ごろの話である。当時のさんまは主演した「男女7人夏物語」「男女7人秋物語」が社会現象を起こすほどのヒットを飛ばしており、役者としても人気の頂点にいた。それでも増谷は臆することなく「大阪ローカルの深夜枠ですが、何か一本、一緒にお仕事できませんか」とぶつかっていった。さんまは即答した。「ええよ、お前がやるんだったら」

増谷は入社五年目で桂三枝のヤングタウン土曜日にフロアディレクターに就いたときから、そこでワンコーナーを受け持っていたデビューしたてのさんまと仕事をしていた。フロアを走り回るADと大先輩の公開放送の中で存在をアピールする若手芸人として互いに知り合ったころから長く信頼を築きあげ、ヤングタウンでも絶妙のコンビネーションを見せていた。そして今度はテレビである。増谷はタイトルから練った。

「私が当時中国語にはまっていたこともあってさんまさんのテレビ、つまり『明石家電視台』にしました。漢字の広がりが好きやったんですね。それにさんまっていう名前はそれまでもいっぱいタイトルに付いていたんですが、明石家というのはなかったのであえて名字のほうを入れて漢字を六つ並べたわけです」

作家を誰にするかという段階で増谷は躊躇なく倉本に声をかけた。

「僕が信頼する三人にまず声をかけました。かわら長介、チロリン（浜田尊弘）そして倉本君がおったんです。彼は独特のこだわりがあって、僕とも少し似てるんですが、これまでと同じことをやりたくないというマインドがあるんです。それでいて発想だけやなくて、台本でも一切端折らずにセリフまできっちりと落としこんで書けるという安定感があったんです」

尖った刺激を与えてくれることを期待してオファーを出した。

「倉本、お前はお前のままでええから好きにやれよ」

増谷のさんまにかんする演出方法はラジオのころから一貫している。自由に遊んでもらって活きる器を作ることであった。気持ちの良い空間を提示してその器の中で、さあ俺らを笑わしてくださいという作り方である。するとさんまは毎回増谷が用意した器を飛び越えて笑わせてくれた。ひとつのネタが入ると即座に膨らませて気がつけばさんまワールドを展開していくのだ。「男女7人」シリーズのプロデューサーである武敬子（テレパック）のエッセイにも登場するほどに、増谷はさんまを乗せることについて卓抜した手腕を発揮していた。

当初、「明石家電視台」の構成は著名なスポーツ選手を招いてさんまと対談をさせるというものであった。これがなかなか苦戦していた。

増谷の回想によれば、「もちろんさんまさんの才能でそれなりの番組には仕上がっていましたが、突破口がまだ見えず何か弾けるものがなかった。視聴率的にもそれほどではなく編成にも少し脅された。さんまさんにせっかく大阪まで来ていただいているのに何か他のやり方はないのかと建て直しを考えて作家の皆にまた集まってもらったわけです」。

増谷は冒頭でまず、「大阪のディズニーランドを作るんや。明石家さんまがミッキーマウスになったディズニーランドみたいなコンセプトで、お客さんも何かちょっと非日常の世界のなかで一緒に遊ぶ番組みたいなんかできひんかな。アトラクションがいっぱいあってな」と言った。大阪のミッキーマウス。これほど、明石家さんまを言い表した言葉があるだろうか。幼少のころに実母を亡くし、長じてからも仲の良かった弟を実家の火事で失い、非業の死にいくたびも遭遇しながら、「生きてるだけ丸もうけ」という人生を全肯定する至言を発する境地にまで達した男は年齢を重ねても老若男女すべての層から愛されている。いくら女性関係のトークをしてもそれが決して嫌悪されないという稀有なキャラクター。バックステージや自分語りをせず、どんなに疲れていてもファンサービスを決して厭わないという点もまさにミッキーマウスである。

会議に呼ばれた倉本は以前から「さんまさんは自分と不特定多数、一対マスのアドリブのやりとりを絶対に面白がりはるはずや」と思っていた。まずはその構造を作ろうと考えた。スタジオに客入れをして素人の観衆を相手にさんまさんにどんどん絡んでもらうのだ。それだけでお客さんは喜ぶ。その笑顔が全体の空気を支配する。まさにミッキーだ。話のとっかかりは事前に提出してもらったお客さんのアンケートで、例えば「自分は芸能人では誰に似ているか、自身のキャッチフレーズを書いてください」と設問を入れておきこの段階でちょっとした大喜利の要素を付与しておく。「『摂津の藤井フミヤ』とか書いてきたら、もうそこからさんまさんはすかさずイジッて自分の世界を広げていきはる。ゲストとのトークに関してもそこに必ずお客さんも介在させる」。そんな提案をガンガンしていった。

増谷も同調した。増谷はさんまの原点である三枝の公開放送を思い出していた。まだ初々しい角刈りの頭をしていて、「恋のとりもち!」コーナーという企画をやっていた。月亭八方と一緒に片思いの相手のいる素人さんの家に電話をしてキューピット役を果たすというものだが、そこでの当意即妙な受け答えで素人さんと楽しく遊んでいた。「方向を変えよう」。「明石家電視台」はゲストとの対談ではなく、さんまさんに会いたいという大阪のお客さんに集まってもらって、さんまとお客さん全員と一緒にスタジオ全体で作っていく番組にしようと大きく舵が切られた。
他に倉本は得意の「クイズ大喜利」で如何なく面白さを発揮していった。増谷は村上ショージ、間寛平、ジミー大西の三人を回答者に配した。
「彼らのアホな回答を導いていくんですが、このスタイルが『からくりテレビ』『ヘキサゴン』なんかのいわゆるアホクイズに連なっていったと思いますわ。まあ素人さんも交えたあのクイズコーナーがまずブレイクしたんです。答えを間違うてもええ、それをさんまさんが拾っていって面白くできあがる。それが成立したのはジミーちゃんの存在ですわ。ジミーちゃん一人の回答で一問に一五分、二〇分もかけてやったこともあります。それくらい面白かった。で、そのジミーのキャラクターを築きあげたのが倉本なんです。ジミー自身はそんなに器用じゃないんですよ。だからずっと倉本に相談してました。信頼していたんでしょうね。最後のギャグをどうするかまで一生懸命聞いてましたから」(増谷)
一時は編成に脅されたという「痛快！明石家電視台」は、やがて二六年を超え現在も続く長寿番組になっていった。

東京

尖りまくったテレビ論をエンターテインメントのかたちで次々に提出する「EXテレビ」火曜日の存在は東京の関係者の間でも話題になっていた。視聴率のことで一喜一憂せず、誰も観たことのない番組を作ろうという意志のもとで作り続けた。それだけに先鋭的で視聴者以上にクリエイターたちに高い評価を得ていた。あれはいったい誰がアイデアを考えているんだ？　という問い合わせが頻繁になってきた。

ある日、「ジャングルTV～タモリの法則～」のプロデューサー渡辺高志から声がかかってきた。

「倉本、ちょっと東京で仕事してみいひんか」

「ジャングルTV」は毎日放送が東京の制作会社イーストと共同制作して全国ネットで流していた番組である。スタートしたものの方向性に迷いがあり、活性化するために手を貸して欲しいということだった。

「あっ、行きます。行きます」

気軽に応えた。上京して指定された会議室に顔を出した。するとイーストのあらゆる番組のディレクターとプロデューサーが居並んでいた。

「彼が『EXテレビ』の構成を書いていた倉本さんです」

渡辺の紹介が終わると、そこからは質問攻めだった。

聞きたいことがあるんですが、あの番組はどうやって考えたのですか、どういう発想で始めたんですか、現場はどう回したんですか。主力のディレクターたちがレクチャーを請う会になっていた。都度、倉本は丁寧に答えていった。なるほど、そういう考え方ですか、そういう作り方ですか。百聞は一見に如かず。「EXテレビ」は倉本の作家性、批評性を雄弁に語る名刺代わり、宣材代わりとして機能していた。以来、東京から仕事の依頼が引きも切らずにくるようになった。

期せずして「東京にけえへん?」と誘ってきた人物がいる。松本人志だった。

ダウンタウンは一足早く東京進出を果たしていた。フジテレビの深夜番組「夢で逢えたら」にレギュラーとして出演し、「お笑い第三世代」と称されていた。傍目には順風満帆な全国区への転身だった。しかし、東京でのダウンタウンの番組を観ながら倉本は大きな違和感を感じていた。「なんであんなベタなことをやってんのかな。もっとすごいのにあの二人のほんまの面白さが出ていない。あいつらはあんなんでええんか」

やがて、ダウンタウンの最終兵器とも言える「ダウンタウンのごっつええ感じ」が始まった。初期から大きな話題を呼んだ「ごっつ」がワンクール経過したころに松本から、東京の仕事に誘われたのである。

松本は類稀なアーティストであると同時に敏腕プロデューサーでもある。ブレーンを集めてチームを作る才覚も桁外れだ。コントでも俯瞰して全体を見ていて自分が出ないことも多々ある。タレントだから、画面への露出は死活問題だが、内容を吟味してここはたとえば板尾創路が良いと判断するとすっぱりと姿を消して役から外れるのだ。

東京に居を構えることを決意した。

「ダウンタウンのごっつええ感じ」の会議にはじめて出席するために、担当のディレクターとフジテレビ（CX）のロビーで待ち合わせをすることになった。当時、まだ河田町にあったCXに行くと、早く着きすぎてまだ時間がかなりあった。うろうろしていても仕方がないので、ソファに座って待つことにした。ちょうど目の前にテレビがあって、相撲を中継している。することもないので見入っていたら、隣に人が座る気配がした。外国人の女性だった。

「リンダ・マッカートニー！」

何、これ？　と驚かずにいられなかった。今日はじめてフジテレビにきて、なんでその俺の隣にリンダ・マッカートニーが座るんだ。

座っただけではなかった。「I like Sumo.」と話しかけてきた。

「誰が好きなんですか？」

「ウルフ」

ウルフて千代の富士か、ふーん。

そのとき閃いた。

そうや、今自分のバンドのデモテープ持ってるやんけ！　これリンダに渡したら俺のライバルであるポールが聴くかもしれへん！

「リンダさんですよね？」

「そうです」

「これ僕の音楽なんですが、聴いてください！」

差しだすと、ポールの妻は
「sure!　必ず聴くわ」

受け取ってくれた。

階段のほうがガヤガヤと騒がしくなった。ポールがぶらさがり取材の報道陣を引きつれて降りてきたのだ。インタビュアーは藤田朋子だった。あとで聞くと、東京ドームにコンサートにきていたのだが、リハーサルスタジオに気に入ったところがなく、フジテレビに借りたという。リンダは付き添いで来ていて、ポールが降りてくるのを待っているときに相撲中継を見つけて倉本の隣に座ったのだった。

「じゃあ、行くわ！」とリンダは手を振ってくれた。リンダの右手はポールの腰、左手にはしっかりと自分のデモテープが握られている。

偶然や目に見えないものを大切にして、自分の生きる方向を決めてきた。そんな人間にとってはじめて東京に進出を決めて、はじめて「ごっつ」の会議に来て、たまたま早く着いて、そうしたら、リンダが隣に来た。このプレゼントは決定的だった。俺はやっぱりやらなあかんことがある。ビートルズを超えるんや。

第四章 企画よ、お前はただの設定にすぎない

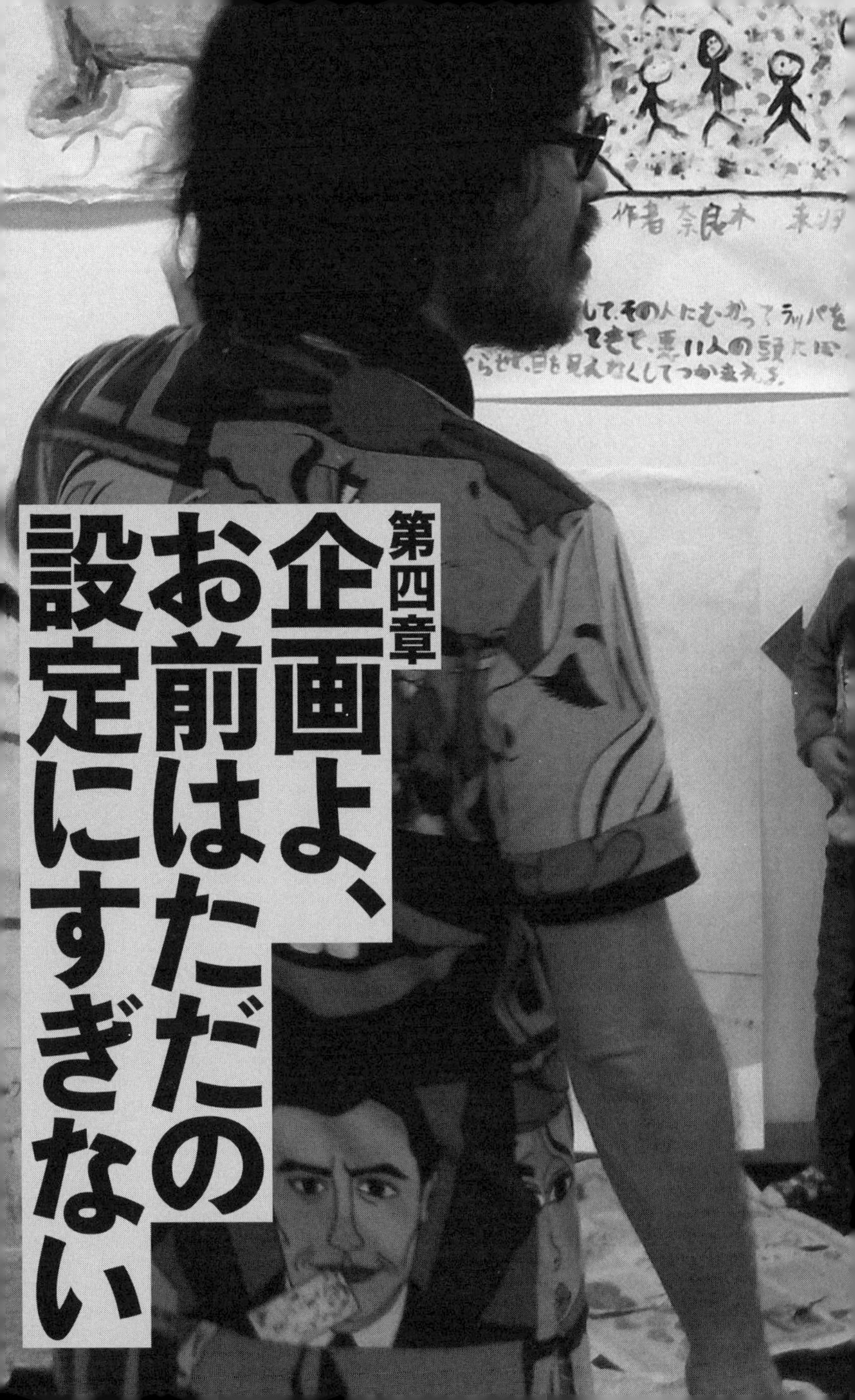

笑いの地位の向上

東京での生活が始まった。背中を押してくれた松本人志の仕事についてはやはり特別な思いがあった。

倉本は松本の才能はデペイズマン＝異境送りを笑いに昇華させることだと看破していた。シュルレアリストが好むロートレアモンの一節「手術台の上のミシンと蝙蝠傘の偶然の出会い」を借りるなら、犬やサルやウンコやトカゲを擬人化して家や楽屋や土手で出会わせるだけでなく、現実の中に異形を一つだけ入れてその世界観の中に引きずりこむ剛腕の持ち主だった。以降も松本の笑いを高踏の域に昇華させるサポートを精力的に続けていく。

コントライブ「寸止め海峡」を行う際にはお笑いの地位を上げるために入場料を一万円に設定することを提案した。「バレエやクラシックにはそれ以上、払うやんか。笑いの価値はそれ以上やと思うねん」

一方で笑いはあくまでも個人的なものであるということを踏まえた上で、松本人志の単独武道館公演の際には入場料を投げ銭にするというこの規模のイベントの世界ではありえない実験も実行した。

そして、コント映像の金字塔「ビジュアルバム」のサポート。ミュージシャンが自身の才能の進化と衝動に合わせてアルバムをリリースするように、芸人もコントをただテレビで消費するのではなく放送という制約のない中で順次発表していこうという目的で作られたこの作品は、同業者だけでなく他ジャンルのアーティストにも大きな影響を与えた。

ジミー・ペイジは「レッド・ツェッペリンは一度として同じコンセプトのアルバムを続けて出したことがない」と発言したが、一九九八年から九九年にかけてリリースされたビジュアルバムも「りんご」「バナナ」「ぶどう」の三作構成で、そのどれもが自作の焼き直しを排し、実験と普遍の新しい作りに挑戦していた。テレビの場合は基本的にディレクターに任せる編集も、芸人自ら立ちあった。

巧みなカット割とアングルで板尾創路のキャラクターをいかんなく引き出し演者の醸しだす空気感で笑いを構築した「古賀」は作家の伊坂幸太郎も大好きと語った作品である。コント内漫才の構造を作り、気がつけばシュールとベタを往還している「いきなりダイヤモンド」、理不尽なことを強いてきた幼馴染の大男を殺そうと仲間内で相談して実行するも上手くいかない庶民の愚かさと哀切を莫大な予算をかけて描いた「巨人殺人」など、前衛的なこのコント群は松本人志の笑いに対するストイックさが凝縮された作品集で、故立川談志が「見事なイリュージョンだった！」と激賞している。

何年経過しても色褪せないであろうこの「ビジュアルバム」に対して倉本は「ココロノソコミ」で出会ったディレクターの高橋純の起用を提言している。「ココロノソコミ」は倉本が「ダウンタウンのごっつええ感じ」のディレクターと新しいコント番組を模索する中で一九九七年に作った深夜番組である。当時はコント番組が作りづらい状況にあったため、コントを見せて精神分析をするという形態をとった。設問は「このコントを見てあなたはどう思ったか？」。回答は三択で設定するが、「Aためになった　Bむなしくなった　C喉がかわいた」など。もちろん正解を競う性格のものではない。コントは精神分析のツールとしてあるという作りなので当然、エッジのきいたテイストになる。そのときにユニークな画を撮るディレクターとして倉本が起用したのが、高橋だった。松本に「ココロノソコミ」を見せると、「ビジュアルバム」でも使ってみようということになった。高橋は「システムキッチン」「ZURU　ZURU」「ゲッタマン」などで自身の役割を果たした。

松本の作品にかんしてはタイトルもジャケットもインナーもしっかりさせて後世に残すべきであると倉本は主張し、この一連の作品づくりに深く関わった。

三宅裕司のワークパラダイス

一九九〇年代後半、日本テレビは深夜の枠を創作意欲のあるローカル局に渡して制作を任せ、できあがった番組を一緒になって営業するという施策を展開していた。ローカル局の制作力を上げることとキー局の予算的負担を減らすことが目的であった。この門戸開放に山口放送の東京支社長、高村長生が反応していち早く手を挙げた。地方局の山口放送が全国ネットの番組制作をするという意思を示したのは画期的なことで、タレントは「いかすバンド天国」の司会以来、大きな人気を誇る三宅裕司がキャスティングされた。三宅の所属事務所であるアミューズのプロデューサー須田裕子は、最初の企画設定として「『仕事』をテーマにしたい」という相談を高村から受けた。

「人生において働くということはどういうことか」。労働の意義や職業の選択について考えるという趣旨である。村上龍が『13歳のハローワーク』を刊行する五年以上前であり、意義深いものであった。考えられた番組構成は、スタジオに就活を直前に控えた学生や転職を考えている若者と採用する企業を招き、そこで面接などをしながら実際に公開試験をしていく、というものであった。働くことの意味を掘りさげながら、実際に就職も斡旋するという進行は面白かった。ところが、収録の直前になってこれが就職紹介事業の認可に触れてしまうことが分かった。人材斡旋の免許のないテレビ局がそれをやると職業安定法に抵触するのである。時間の猶予もない。困った須田は先輩から噂を聞いていた倉本という男のことを思いだした。須田は数ある人脈の中から、意外に思われるような企画と人との出会いの妙を成立させることに長けたプロデューサーであった。以前、「鶴瓶と三宅ふたりはうさぎ年」という特番の構成をしたというあの人物ならこの窮地を救ってくれるのではないかという直感が働いた。司会の二人に知らせずにいきなりうさぎ年生まれの大物ゲストを呼んでハプニング感冷めやらぬ空気の中でトークを進行していくという番組の仕掛けは斬新で、一九四二年のうさぎ年の生まれである厚生大臣時代の小泉純一郎を招いたときは、司会に触発された小泉が昆虫の交尾の話をいきなり語り始め、後の総理大臣の意外な一面を引き出していた。あの作家なら何か起死回生ができるのではないか。

「もしもし、倉本さん？　緊急なことなんですが、ちょっと相談に乗ってもらっていいですか」

倉本は日本テレビにいた。

「どうしたんですか？」

「三宅さんでやる枠があるんだけども実はまだ何をやるか決まらなくて……。いろいろあってもう放送までほとんど時間もないんです。助けてもらえますか」

倉本にとって、時間制限のある中でゼロから作品をかたちにするというのは、最も意欲の湧く仕事だった。その場で仕事を引き受けると、「そんなに時間ないんなら、今日のうちに会議しましょう」と提案した。

早々にアミューズの会議室で現状説明と企画の方向性のレクチャーが行われた。決まっているのは「三宅裕司」というタレントと「仕事」というテーマ。それで何ができるか。

「三宅さんは……、まずドSやなあ」。いろいろと考えていくうちに、生瀬勝久の存在を思いだした。生瀬は関西の劇団そとばこまちで槍魔栗三助と名乗っていたころから「週刊テレビ広辞苑」で一緒に仕事をしていた。槍魔栗は「現代の匠」というシリーズで、その道四〇年というさまざまなジャンルの匠に扮して女性レポーターの取材を受けるという設定のコントを演じていた。

「生瀬が質問者に追いつめられてから出てくるアドリブはすごい。ドMの味があるあいつに三宅さんをぶつけたらおもろいやろうな」

テーマとしての「仕事」をそこで絡ませることにした。

三宅をトーク番組のMC役として配すのは従来どおり。そこに生瀬を世の中に存在しない架空の仕事の達人として毎回登場させるのだ。

たとえば、バラエティーのゲームで使うウナギのぬめりを鑑定するという「ウナギのぬめり選別士」、錦鯉の精神ケアをする「錦鯉セラピスト」、新品では使いにくい靴や剣道の面を使い込んで客に提供する「使い込み屋」、表現しにくい味の感覚を伝える言葉を作りだす「味覚表現プロデューサー」など。名前、仕事内容、使う道具、家族構成、すべてでっち上げであるが、資料としてそれらを生瀬に渡して「あとはがんばってくれ！　何を聞かれても答えてや」と言って送りだした。

第一回、生瀬はウナギのぬめり選別士の杉原恭一としてまず自分の仕事を言う。

「バラエティーで使うウナギのヌルヌルを選別するんです」

その後は三宅の鋭いインタビューにアドリブで必死に切り返す。

三宅　生活していけるんですか
生瀬　バラエティーの盛んな二一年前に会社起こしてね。今は厳しいね
三宅　ヌルヌルはウナギによってそれぞれ違うんですか？
生瀬　人間にもそれぞれ体臭があるようにウナギもヌルヌルは違うんです。ランクが違って上ぬら、並ぬら、捨てぬらとあるんです

三宅　選別してどうするんですか

生瀬　はい、まあ、よう滑る上ぬらはお笑い芸人用、並ぬらは文化人、で、アイドルは捨てぬらを使うんです

三宅　どうやってヌルヌルは取ってくるんですか

生瀬　……シゴいて取るんです

三宅　成分

生瀬　…うん？

三宅　ヌルヌルの成分は

生瀬　……ケ、ケラチノイド

三宅　えっ？

生瀬　大学でそう聞いたけど

三宅　たとえばテレビの前の人にそのケラチノイドを分かりやすく説明する場合、何に含まれていると言えばいいんでしょう

生瀬　花……、いや、もう僕らはエサやるだけやからね

三宅　ヌルヌルは産地によっても違いますか？

生瀬　うん、国内はもうほとんど一緒やね

三宅　ああそうですか
生瀬　でもヨーロッパは違う
三宅　えっ
生瀬　並と捨ての間にもう一つ末ぬらというのがヨーロッパにはあるんです。ヨーロッパはそんだけヌルヌルの種類も多い
三宅　ヨーロッパにもこの仕事はあるんですか？
生瀬　ないね！
三宅　（苦笑）この仕事はあと何年くらいもちますかね
生瀬　まあ、これからは厳しいね。最近はウナギを使うてもリアクションの悪い芸人さんが多いんで、そんな奴はもうアナゴで十分やってなってまうんです
三宅　この仕事、やってて良かったと思うのは
生瀬　あんまないね
三宅　後進は育ってますか
生瀬　いいえ、上ぬら、並ぬらは分かるけど、捨てまでは分からん奴が多いね。育って欲しいんやけどね

トーク番組のかたちをとってはいるが、即興コントの番組であった。

生瀬の回答の破綻を楽しむ三宅の意地の悪い質問はとどまるところがなく、会話がどう収まるのか分からない一種のドキュメンタリーであったが、編集をしてみるとまるで台本があるかのようにはまった。

山口放送にとってはじめての全国放送の番組制作はかように過激なバラエティーとなった。須田は言う。

「ディレクターも美術も倉本さんが信頼するスタッフを引っ張ってきたので最初のスタジオを見にきた日本テレビの編成が『これはフジテレビのスタジオみたいじゃないか』と言ったんです。倉本さんも弱きを助け強きをくじくみたいなところがあるし、山口放送さんもこんな尖った番組なのに『この人とやってみよう』ということで腰を据えた。その度胸もすごいと思いました。それでスタッフの士気が上がったんですね」

視聴率は高くなかったが、通には熱狂的に支持された。学生の間でも浸透し、「ワークパラダイスを作りたい」という理由で山口放送への入社を志望する就活生が激増した。就活の番組を作るつもりが、結果的に自社のリクルート効果が絶大に上がったと言える。

最初の企画テーマと全く内容は変わってしまったが、その名残として山口放送のサイトは当初この番組を「働く素晴らしさを実感できる新感覚情報バラエティー、テーマは仕事」と紹介していた。

新感覚ではあるが、少なくとも「働く素晴らしさ」は実感できない。

新しいこども番組

アミューズの中に、子どもたちの育成を目的としているアミューズキッズというセクションがある。サザンオールスターズのマネージメントをしていた千葉伸大が音楽から俳優のプロデューサーに転向しこの部署を担当することになった。千葉はこう考えていた。

「アミューズキッズの役割は子役の養成ではない。今すぐどうこうではなく、将来的に役者やミュージシャンになりたければその土壌となる場を提供してあげたい。そのために子どもたちが成長を実感して将来に夢を持てる瞬間を作れないだろうか。できれば彼ら、彼女たちがトライアルする瞬間を見せる、もしくはそういうプログラムを提供するような番組を作れるといいのだが……」

アミューズキッズの子たちは別に将来タレントにならなくてもいい。学んだあとに自発的に看護師になりたい、パティシエになりたい、留学したいと言いだしたらそれを応援してやる。アミューズに還元しなくても社会に還元してくれたらそれはこのプロジェクトの成功と考える。だからこそ、子どもたちが多様な価値観を持ってオリジナルな表現に挑戦していく様を描く番組ができたら面白いと思うのだ。千葉は社内の番組制作のスタッフと相談した。須田である。須田はじっくりと企画の意図を聞くと即座に言った。

「千葉さんとこの話がすごく合致する人がひとりいる。ちょっと呼んでみる」

すぐに打ち合わせの現場に倉本がやってきた。千葉は初対面であるがすぐに本題に入った。

「すごく遠いところの目標だと、子どもたちはやっぱり夢は夢だと思ってしまうけど、少し先にある目標でがんばれば報われる実感を与えてあげたいんです」

「それは大事ですよね」

「そう思いますか？　現実を見るのは大事だけど、すべてを現実なものとして子どもたち全員が見つめてしまったら、創造って生まれないじゃないですか。だからキレイごとと一見言われるようなことも僕らはあきらめずに言っていかなきゃいけないと思うんです」

「僕もまさにそうだと思います」

それから夢について話し合いだした。倉本の持論が千葉には刺さった。

「子どもが子どもらしくないのが一番おもろないと思うんです。子どもは子どもであれって。おとなしくしていなさいというのは大人らしくしなさいっていう言葉やから、そんな教育の仕方をしていること自体がおかしいんじゃないかと」

「なるほど。どんなことがいいですかね」

「たとえば子どもを夢の島に連れて行って何でもいいから好きなものを拾ってこいと言う。それがどんな大きな物でも大人はその子どものいうことを聞いてショベルカーやクレーンで運ぶのを手伝ってあげるんです。好きなものを取ってきたらそれでどこかの土地に城を作る。それは『夢の城』って名前。もともとそこに捨てられてるものは人が希望を持ったり、親にどうしても欲しいとねだったりしたもので夢のかけらと言ってもいい。かけらを拾って合わせて作ったら夢の城になるやんって」

岩手出身の千葉が関西弁で答えた。「めっちゃええやん」

「とりあえず子どもたちを集めてください。僕がその前で何か話しますから」

後日、アミューズキッズの子どもたちが広い会議室に集合した。前方にはホワイトボードだけが置かれ、そこに倉本が登場した。千葉と須田にとりあえずカメラを回してくださ い、と頼んでおいた。

「おい、みんな俺の名前読んでみ」

六歳から八歳の子どもなので美津留をみつると読めたのは一人しかいなかった。あとはバラバラで「まもる」「みちお」、「びびる」と読んだ子もいた。

「皆、いっぱい言ってくれたけど、その中でどれが俺の名前にふさわしいと思う?」

ガヤガヤ話していたが、「びびるがいい」という声が多かった。

「ほんなら俺は今からびびるや」

みつるはこれ以降、びびるとなった。

「みんなジャンケンってするよな? ジャンケンって何か知ってるよな?」

「知ってるに決まってるじゃん!」

「じゃあ、誰がジャンケンを作ったか知ってるか?」

「……知らない」

「びびるも知らん」

「なんだ」

「でも結局は誰かが作ったんや。誰かが作ったことがこんだけ広まって、皆がやってるなんてすごいことやと思わへんか? 君らにもそんなん作れるかもしれへんで。まだ誰もやってないことをいっしょに考えようや」

普通この年ごろの子どもは五分も大人の話を聞いていると集中力が切れるが、つかんだら、そこからは独擅場だった。

よし、何か好きなもの、流行らせたいものを言ってみて。なに？　鬼ごっこ？　ほんなら鬼ごっこの新しいルールを考えようや。鬼に追いかけられて捕まったら何か歌を歌う？　おおええやんけ、ええやんけ。ええけどもなー。よし、もうある歌やなくて自分を国やと思って自分の国歌を作ろう。自国歌や。皆、それを考えよう。

最終的にはアメリカ国歌のメロディーに次々と子どもたちが自分がテーマのオリジナルの歌詞を乗せてメドレーのように歌っていった。

「こんなことが起こるんだ」。千葉と須田が撮影したビデオを編集してプレゼンしたら、goomoというネットTVが放送しようと名乗りを挙げた。

こうして夢の島の宝さがしのように子どもたちが自分たちで何かを見つけてくる番組、「新しいこども番組」が成立した。

シリーズ化していくことになり、最初の企画は「自由が丘で自由を探す」。子どもたちをAチームとBチームに分けてスポンサーについてくれたトヨタのプリウスに乗せて出発する。行き先を告げられていないので子どもたちが興奮している最中、ナビのモニターに倉本がバンっと登場する。「あっびびるだ！」

「おい、お前らちゃんと車に乗ってんのか？　よし、今から指令を出す。これから行くのは自由が丘というところや。そこに行って自由だと思うもんを探すのだ！」

「えーっ！」

「分かったな！」

消えた。

自由が丘に着くと看板を見たり、公園で虫を追ったりしながら子どもたちは動き回る。

倉本はどんどん指示を出す。

「なんでもええから、自由を探せ、自由を感じるもんがあったら写真を撮れ。あとで私はこれが自由やと思ったと言う自由発表会をやるからな」

千葉は番組を一緒に作って大きな共感に襲われた。「すべては名前で決まっていますよね。ゴミと言ったらゴミになってしまう。でもゴミ箱に入っていたらゴミなんだろうけど、そこから出したら違うものになったりするじゃないですか。社会で決まっているものは必ずしも正しいと思わなくてもいいとおっしゃるんですね。今の倉本さんが語っていることは幼少期の倉本さんがそのまま憑依して語っていると思うんです」

千葉は「さくら学院」というアミューズキッズ出身の女の子を中心に組んだユニットを立ち上げると、倉本に「さくら学院」という学校の校長になって欲しいというオファーを出した。倉本は「さくら学院での活動を通じてスーパーレディになる」というコンセプトを打ち出した。中学三年生で強制的に卒業させられるシステムで、それ以降の人生は自由。歌手になっても、女優になっても、モデルになってもいい。もっと言えば、芸能界を引退して、看護師になっても、政治家になってもいい。さくら学院は各界のスーパーレディを生み出す学校であるのだ。

今、世界的に人気のベビーメタルも、このさくら学院の出身である。

シャキーン!

「新しいこども番組」が顔の見える子どもたちと直接交流して作った番組なら、「シャキーン!」は全国津々浦々の子どもに向けて発信している番組である。

二〇一二年九月三日、月曜日である。小学生たちにとっては夏休みが明けた二学期の始まりの日、それは一年で最も憂鬱な朝と言っても過言ではない。今日からまた学校に行かなくてはならないし、一番大きな楽しいイベントが終わってしまっては、何かの目的も立てづらい。午前七時の時報とともにNHK　Eテレの子ども番組「シャキーン!」が始まると、そのことをキャラクターのネコッパチ（子猫の魂とハチのぬいぐるみのミックス）がブンブン飛びながらぼやいている。

「ニャキーン！　夏休みにやりたいこと全部やりきったから、もうやりたいこと何もないっチ」

大きな樹木とテレビの精霊が合体した物の怪、ジュモクさんがそれをなだめる。ジュモクさんはまとめ役なのだ。

「いやあ、そういうわけはないだろう」

売れ残った人形の妖精、あゆちゃんが続きを引き受ける。

「そんなネコッパチにうれしいお知らせ。今日はまた学校が始まったのに合わせて新コーナーと新曲を立て続けに発表します」

「ニャキーン！」

番組はここから一気にヒートアップしていく。

あゆちゃんは相棒のナオトと一緒に「もりあげクササイズ」を歌い、踊り始める。気持ちの盛りあげとエクササイズを掛け合わせたリズム体操だ。


♪もーりあげクササイズ、もーりあげクササイズ、数字の数だけ手をたたこう。

身体と心にリズムを理解させる一種のリトミックだ。やる気のなかったネコッパチも「お次はテレビの前の君だっち」とカメラに向かって檄を飛ばす。

登校前の子どもの頭と心をシャキーン！とさせるというテーマそのままに、楽しいリズムアクションで身体を目覚めさせていく。オープニングから、まだ六〇秒しか経っていないが、もう眠気は飛んでしまった。このあとも番組は分厚い波状攻撃のようにユニークなコーナーが続く。

掛け合いが面白いのは「ポジティブノック」だ。

ジュモクさんが「ボクがいまから言うちょっと残念なことを、前向きで楽しい言葉に変えていってね」と宣言。

あゆちゃんがグラブを構える。

「よっしゃーこい」

「夏休みが終わってしまった」

カキーン！　あゆちゃんがネガティブな言葉をキャッチして返す。

「終わっちゃったけど、学校に行けばまた友だちといっぱい会える」

ちょっとへこんでしまうような事態になっても子どもが前向きな発想転換ができるよう

に、考えさせる。前向き大喜利とも言えるだろうか。

「お気に入りのTシャツに醤油をこぼした」

カキーン！

あゆちゃんは今度は少し考えて返す。「匂いつきTシャツでもっとお気に入りになった！」

カキーン！

「醤油の匂いだけどね。続いてネコッパチ！　飼っていたクワガタが逃げた」

「んー、そもそも地球で飼ってる気持ちで飼ってるから、逃げていない、イエー」

ネコなのに壮大な世界観だ。ジュモクさんは何本も打ってから満足そうにノックを切り上げた。

「よーし！　みんな！　ナイスポジティブ」

次は動いている物体が枠に収まるのを見てテレビに向かって声を出す「ピタッ」、今日は亀の歩みだった。のろのろと亀が枠線に入るのを朝から見る。これは観察の集中力を喚起する。「ピタッ」と言えたときの高揚感！　続いては室内のカメラの位置を毎回ずらすことで、視点をどこに置くかでモノの見方がいかに変わるかを体感させる「目玉くん」。目玉君の居場所によって見える風景だけでなく感じ方も変わる。そしてこの体験は、物事を一面的でなくアングルを変えて見ることの大切さを自然に知ることにもつながる。

コーナーの最後は好評の「おもしりとり」。しりとりのかたちをとりながら、二つの単語をくっつけて新しい概念を創造させる遊びだ。語尾の音で始まる別の単語をつなげて、それは何かと子ども自身に説明させるのだ。毎日順々にリレーされるこのコーナー、昨日の単語はバスケットとトランペットをくっつけたバスケット・トランペットだった。今日は三重県のマイちゃんが登場して「トランペット・ともだち」と続けた。トランペットにともだちをくっつけた。その意味は？「このトランペットの音を聞くとみんな仲良く友だちになるよ。世界中の人が聞いて争いがなくなるといいな」

言葉が先行して実体が創出された。そしてその実体には子どもが願う理想がある。

翌日の放送からもおもしりとりはどんどん続いていった。「トランペット・ともだち」の次は「ともだち・ちえのわ」。ともだちが手をつないでできている知恵の輪。協力しないと解けない仕組みになっている。この他にも今日のあなたは冴えているか試す「さえだめし」のコーナーなど、すさまじい情報量がたった一五分の番組の中に濃縮されている。子どもと一緒に朝食をとりながら視聴した大人が、まるで二時間の特番を見終わった印象だと口にする。

映像を主眼とした独自の分析で知られる社会学者、長谷正人（早稲田大学教授）はテレビメディアの現状全般を「テレビは外延化しつつあるフレームである」（季刊「d/sign」3号）と看破している。九〇年代くらいからテレビ番組が完成度の高い芸やパフォーマンスを追及することから離れ、薄っぺらい「素」や「ホンネ」で構成され始めたことへの指摘である。しかし「シャキーン！」は外延化どころか、「原液を薄めずにそのまま提出してくる番組」として他を圧する評価を得ている。

番組を構成した倉本はこう表現した。

「企画のエッセンスを徹底的に出し惜しみをしないんです。最後の一滴まで搾り出す。それと子ども番組『シャキーン！』のもう一つの大きな特徴は『大人が用意した正解がない』という点なんですよ」

見ごたえがあるのは、あらかじめ用意された答えを探すからではなく、答えを作らなくてはならないからである。

事件は会議室で起こっている

　九月一三日。「シャキーン！」のブレスト会議が行われ、私は特別に参加させてもらった。この日のテーマは「情報性のあるコーナー案」だった。一つ目の企画を発案者の放送作家市川十億衛門が説明する。

「答えは三つというコーナーです。よく子どもたちがやっているなぞなぞとかクイズとかっていうのは答えが一つ。でもそれだけなのかなあ、追究して想像していったら、もっといっぱい見つかるんじゃないだろうかというのが狙いです。はじめに問題を出していきます。例えば、『一枚の紙、これを切ったり破ったりせずに一〇枚に増やす方法、それはいったいなんでしょう？』というものです。これは最初に、答えは三つあります、よく考えてみてください、と振って、シンキングタイムを設けて、そのあと答えを発表します。答えの一番がコピー機でコピーをとる、二番が合わせ鏡で紙一〇枚作る、三番が一万円札を千円一〇枚に両替する、これが答えでしたと、でもひょっとしたら答えはこの三つ以上にあるかもしれない、もっと話し合ってくださいということで、締めて終わるコーナーになっています」

倉本は会議の冒頭から発案者やスタッフに向かって頻繁に発言を繰り返す。

「答えが三つって最初に言ったほうがええかな」

「先に答えは三つありますと言っておいたほうが、一つではダメだよ、ということが理解できると思うんです」

「うんうんうん、一つではダメというのはそうやけど、三つて言い方がええのかな。なんかそれやと結局答えの数を限定してるっていう入り方やんか。入りから限定しない面白さで行きたいのに……。この問題でいくと、その三つ以外の答えでもっといいのを思いついたら、その答えを教えてくれ、俺はここまでが限界だから頼む！　とかっていって、お願いするとかね。あと問題自体が魅力的じゃないといけないよね。うーん、逆に、困ってたらどう、この出題者の男が」

「ああ、助けてあげる」

「うん、だから一〇枚に増やす方法がないとやばいんだ、みたいな。今俺が思いついてるのはこれだ、これ以外にないか、と懇願される。困ってるから助けなあかんみたいな感じにするとかね。さて問題ですっていうよりも良いし、出題者がなんか、悪い奴じゃないほうがええと思うんだけど」

「うんうん」

「ヒーローかなんかで、敵を倒すために、紙を一〇枚に増やさなあかんと。なんかいい方法はないか、考えてくれ！　とかって言って、ちょっと考える時間をおいて、これは試してみたんだ！　とか言って三つを言って、それ以外の思いついたら教えてくれ。助けてあげなあかんっていう感覚もいいと思う」

「子どものモチベーションとしては、なぞを解くというより、助けてあげようっていうことですね」

「助けてあげようっていうぐらいの感覚になればただの物知りクイズと違った感覚になるやん。シンキングタイムをどれぐらい設けれるんかってのがね、あんまり、分かれへんけど。どれぐらいの尺でできそうですかね」

「一分ぐらいにしたいですね」

「一分ぐらいにしとくと」

出てきたアイデアを精査して作り直すだけではなく、画としてどう見せるか、時間をどう捉えるかという具体的な提案を重ねていく。いわゆる巨匠のように最後におもむろに口を開くというのではなく、こんな具合で誰よりもびっしりと二時間しゃべり続けた。

会議終了後、部屋を出てぶらぶらと渋谷を歩きながら、倉本は言った。

「『シャキーン！』自体が、僕自身のポリシーに非常にシンクロしてる番組なんです」

そしてこんなふうに続けた。

「『シャキーン！』って、大人も好きで観てくれてるんですよね。親子で観れる番組って一番理想じゃないですか。親と子が観て違う角度から感じる。それで二人でしゃべれるみたいな。子どもの番組やから子どもに合わせて親がしゃべるんじゃなくて、親もおもろいと思ってるから、親がおもろいと思うことを言う。子どもがおもろいと思うことを言う。そのギャップがまたおもろかったりする。でも同じ話題でしゃべれてるっていうことが、コミュニケーションの一番ね、大事な部分じゃないですか。まずお互いにおもろいなあと一緒のことを思ってて、そこから違う情報を与え合えるっていうことになるんで、すごくいいと思うんです」

序章でも述べたが、もともと、二〇〇二年から〇四年にかけて倉本は「くらもとみつるとぽんごん」という子ども番組をテレビ東京で構成し自ら出演していた。

ぽんごんは六時四五分から放送される五分ほどの短い帯番組であったが、注目するテレビ関係者は多く、その中の一人が「シャキーン！」の世界観を作ったNHKのディレクター佐藤正和だった。佐藤が、倉本をぜひにとスタッフに呼んでやり始めたら、それは倉本本人がやりたいこととシンクロしていた。まさに水を得た魚だった。

「あとで聞くと佐藤くんも世代的には過去に僕が作っていた番組を好きで観てくれていた

みたいで、今度は作り手になって子どもに向けて番組を作ろうっていうときに、ぜひ参加してくださいって呼んでくれたんですね。だからすごくやりやすかったです」

昼食時ということで周辺に点在するレストランのランチメニューを見ながら歩くが、これはちょっとと、なかなか決まらない。結局、腰を落ちつけたのは和食弁当の店だった。

いみじくもここで倉本はヨハン・ホイジンガの「ホモ・ルーデンス（遊ぶ人）」と同じようなことを言った。

「僕は机上の空論というか、誰かが考えたことを、がんばってやるっていうのが、ちょっと嫌なんですよね（笑）。答えはもう決まってるみたいな。そうじゃないところを発見できるのかどうかが大切だと思っているんです。そうじゃないと訓練みたいな感じになるじゃないですか。遊び、楽しいことに努力や訓練は勝てないと思うし、成長しないと思うんですよ」

「シャキーン！」のアートディレクターで映画監督でもある富永まいは、会議や現場における倉本の存在をこんな言い方で表した。

「出演してくれているお子さんたちを何かにはめていくんじゃなくて、その子が何を持ってて、何を輝かせたらいいのかっていうのをまず見抜くんですね。子どものほうが大人より優秀だと本気で思っていらっしゃるんです。子どもはみんな天才で生まれてきてそれがだんだん世の中に適応していくうちにすごい能力が削ぎ落とされていくんだから、いかにそれを失わせないで大きくなってもらうかを考えるんだって言っています。

私がすごいと思ったのはおたまじゃくしの役をやっていたナオト君が声変わりの時期になったときに、もう卒業かなという空気が出かけたら、『そんなんカエルにしたらええんや』。子どもとして大事な時期をこの番組のために費やしてくれているんだから、責任持とうという気持ちが伝わってくるんです。あと、倉本さんは会議で若い作家さんの出してくる面白くない提案でも絶対に見捨てないんです。その中に絶対に何かあるよって見つけて企画にするんですよ」

オモロイ奴を見落とすな！ 三〇〇〇組の漫才すべてを観る

『M－1』が復活する

社内でそれを聞いたとき、朝日放送の辻史彦は一刻も早く伝えたいと思い、渋谷の仕事場に押しかけて行った。「倉本さん、またお願いしますね」

二〇〇三年から二〇〇六年まで「M‐1グランプリ」の総合演出を担当していた辻にとって、二〇〇二年から関わっていた倉本はかけがえのない戦友だった。「M‐1」を紅白みたいな国民的な番組にしようぜ、視聴率五〇パーセント取ろうぜ、と言われたときはそんな夢みたいなことを、と思っていたが一緒に仕事をしているうちに本気であることが分かった。

二〇〇一年から始まったこの全国規模の漫才コンテストもずっと順風満帆だったわけではない。このままだと終わってしまうのではないかという危機感もあった。辻が振り返るには二〇〇五年が一つの転機だった。K‐1のメタファーということもありストロングスタイルにこだわるあまり、大会のムードが格闘技トーナメントのようになっていた。しかし、それではストイックすぎて視聴者も緊張するし、果たしてお笑いにフィットしているのかという疑念があった。八組のファイナリストもいわばそれだけで堂々たるベスト8であるが、負ければ日本のお笑いの最下位敗者のような空気が包む。そこで二〇〇五年にスタジオをオープンなテレビ朝日に移し、敗者復活戦もより大きな神宮球場で行うことにした。

辻は倉本と「漫才の日本一を東京のど真ん中でやる、これ絶対見とかなあかんで！」という空気をどう作るかを話し合いながら、試行していった。苦労して築いたその大会の中から当時全く無名だったブラックマヨネーズが出てきて優勝をかっさらった。一夜にしてシンデレラになるという「M‐1」ストーリーを彼らが体現したこともありそこからより認知度も上がっていった。スタッフも現場で演者たちとずっと触れ合っているがゆえに彼らの勝ちたいという強い気持ちに直面する。するとどうしてもその思いを伝えたくなるが、果たしてこれをそのままお茶の間に伝えることがいいことなのだろうかという葛藤がいつもあった。

芸人たちのバックステージ、つまり裏側を見せるということと笑いを提供するということは実は真逆の行為である。しかし本来、水と油のような二面をあえて一緒に見せた。その意味で「M‐1」はドキュメンタリーでもあった。そしてそれが受けいれられた。演出側もそれを狙ってやっていたわけではないが、結果的にノーマークであったサンドウィッチマンが敗者から復活して栄冠をつかんだり、九回連続決勝進出の笑い飯が最後に優勝したりという「事件」は劇的効果を上げた。

しかし、この「M‐1」も二〇一〇年をもって「使命を終えての発展的解消」として終焉を迎えていた。辻は残念で仕方がなかった。

「面白い人にもっと売れていただきたい。この人らもっと売れるはずやのになってコンビがたくさんいて、そういう方々のお手伝いもしたいと思っていたんで、終わるのはつらかったですね」

倉本もこれにはがっかりした。ようやく審査のかたちも整いこれから国民的番組に育てていこうと考えていた矢先であっただけに喪失感は小さくなかった。「なんで終わらせるんや。ようやく見えてきてこれからやろ」。予選の回数をどうするか、決勝に上げる八組をどうやって決めるのか、まだ議論をしつくしたいテーマが多々あった。

それであればこそ、五年ぶりの復活はうれしい知らせだった。

ここで倉本は意を決して提案したことがあった。それは予選の一回戦のコンビの映像を全部チェックするというものであった。

実はこの段階でとんでもないダイヤの原石が落とされているのではないか、という懸念があった。それまで一回戦の審査は参加者の人数が多いし大変なので、どちらかと言えば若い修行中の作家にやらせておこうという雰囲気があったのだ。しかし、それでは既成概念に囚われてオーソドックスな笑いのみが偏重される可能性が高い。以前は、倉本は三回戦から審査員として観ていた。それでも三〇〇組はあったので骨の折れる作業であったが、笑い飯が理解されずに落とされそうになるという事態が発生した。そのときは周囲と大喧嘩をして残させた。その後の笑い飯の活躍は誰もが知る通りである。

「あんなことが二度とあってはあかんと思ったんですよ。昔、ダウンタウンが無名で誰も評価しなかったときに紳助さんが『負けた』といって認めた。まわりは口をポカンとさせてた。そして『M-1』でも最初に笑い飯を評価したのは松本人志と島田紳助だけだった。尖ったパワーのある奴が結局落とされて、平均点の奴が残る。それじゃあ、ポテンシャルのある才能を潰してしまう。一回戦やからどうせおもろい奴おらへんやろ、そんならそこの奴に審査させたらええんやという発想が二重で才能を潰してしまうんですよ。だから五年ぶりの復活やからこそ、僕は今回全部見ておこうと。普通は一回戦はまあまあ漫才慣れているやんというコンビが通ると思うんですよ。でも僕は人と違う面白いことをやろうとしているかというところを見たいんです」

一回戦を全部見るということはエントリーした三〇〇〇組以上のコンビのネタすべてに目を通すということである。さすがに辻もこの申し出には驚いた。

「通った子らよりも落ちた子らを見たいと言ってチェックしてはるのでその作業量たるや、やっぱ頭が下がります。倉本さんは審査会議とかをしてるときにこの一組は絶対おもろいと思うねんって言いきれるんですね。絶対に誰かの批判は出るけど、自分の信じるものをちゃんと伝えてるという意味でちゃんと戦ってはるなあと思います」

無難なものを選ぶのは簡単である。敵も作らない。しかし、せっかくの新しい芽を摘んでしまってはなんのために自分がいるのか分からない。

倉本はこんなことを言っていた。

「なんやこれ？　これ漫才か？　これおもろいのか？　ってコンビに出会ったときにその面白さが消化できなかったら面白くないって決めつけて落としたほうが楽じゃないですか。でも違う。新しい奴らは最初は分からん奴らなんですよ。一回戦の審査こそ一番大事なんです」

時間が空くとすぐにパソコンに向かって辻から送られてきた映像に目を通す。一回戦は二分の持ち時間だが、三〇〇〇組は半端な数ではない。それでもすでに落選した中からの復活を進言したコンビが何組かいる。「おもろい奴はちゃんと見たらなあかんねん」

復活した「M-1」は二〇一五年一二月六日、トレンディエンジェルの優勝で幕を閉じた。

第五章 ともだち

浦沢直樹
園子温
板尾創路

浦沢直樹

『YAWARA!』『MONSTER』『20世紀少年』など数多くのメガヒットを飛ばし続ける日本を代表する漫画家であると同時にNHKの番組「浦沢直樹の漫勉」の仕掛け人でもある。「漫勉」はめったに立ち入ることができないさまざまな漫画家の執筆現場に密着し、作品が制作されていく過程を追うドキュメンタリーである。最新の撮影機材がペンが白紙に落ちて壮大な物語が生まれる瞬間を捉え、収録された映像を見ながら浦沢がまさにプロの視点から各漫画家の創作の秘密に切りこんでいくという斬新な企画は放送直後から大きな話題を呼んだ。この番組を一緒に作っているのが同い年の倉本である。彼とでなければ実現不可能だったという浦沢が「漫勉」と倉本を語る。

浦沢　もともと、僕はダウンタウンの番組をいろいろ見ていて、いつも名前が出てくるこの倉本という作家は面白い人だなと興味があったんです。一方、倉本さんのほうは『AKIRA』以降漫画を読まなくなってたのが、僕が『20世紀少年』を出したときに各方面から、「あれ読んだか」と、あまりにみんなに言われて、しまいには目の前にどんと誰かが積んでいったんだそうです。それでパラパラっと見たら、一気に引きこまれて、これは自分のドラマが描いてあると思っていたそうなんです。それで二〇〇八年ごろ、僕がファーストアルバムのレコーディングをしているときに参加してくれていたオセロケッツっていうバンドの森山公一くんが「倉本さんのライブがあるから見に行きましょうよ」と誘ってくれて行ったんです。そうしたら演奏後の打ち上げで大いに気が合ったんです。

ＮＨＫの番組、「漫勉」に関しては、今まで僕は漫画のパブリシティのためであればテレビに出ますよ、っていう立場で出演していたんですが、漫画には素人のプロデューサーさんと打ち合わせをゼロから始めて制作しても番組終了のときにはその成果が一にもなってないんです。いろんな提案をするんですよ。出演者とみんなで漫画を描いてみないか、ペン先をみんなで持ってみよう、でも「カリッ」とやったところで終わっちゃうんですよ。

漫画の歴史は一九四七年の手塚治虫の「新宝島」から始まっていて日本の日常に入りこんでいますが、その創作過程、ひいては本質については本当に知られていない。これをどうしたらいいのかということを、倉本さんと食事しながら話してたんですよ。で、僕が「無人状態のリモートコントロールでカメラを配置してペン先を撮影して、僕と漫画家さんが、その撮れた画面について語り合う」という構想を語ったんです。そうしたら倉本さんが、「浦沢さんがMCとして出るんだったら企画書を書く」と言ってくれた。それで各局にあたってみたら、民放には僕の意図がうまく伝わらず、NHKのEテレだけがそのままどーんと通ったんです。漫画家が創作の背景を見せるのですからリスクのある企画ですよ。でも踏みきったのは先ほど言ったように、世間は漫画を知ってるようで全く知らないっていうことがあったからです。たとえば僕が小学校のころに漫画を描き始めたら、親戚のおじさんに、「直樹くん漫画上手いね。プロになれるぞ」って言われたんです。でも僕は「こんなものでプロになれるわけがないだろう、あなたは漫画の何を知ってるんだ」と思ってた。小学生ながら漫画の真髄に触れてるつもりですから、プロになるのはどれだけの技術が必要なのかということがだいたい分かる。だから、何も知らない大人に僕の漫画を褒められてもひとつもうれしくなかったし、友だちも「浦沢漫画上手いよな」とか言って、描くときゃあきゃあ言ってるんだけど、このぐらいの絵で喜ぶのかって思ってた（笑）。

僕自身は漫画を描かずにはいられない衝動みたいなものの正体が、いまだに分からない。それを逆に番組を通して何かつかめないかなっていうところもあるんです。撮影はとにかく冒頭から漫画を生みだすペン先のアップ。極力ノーカット。白い紙からできあがるまでを淡々と撮り続ける。画面の分割から、ペン先の音を入れることなど、僕には「こうしたい」というヴィジョンがありました。倉本さんは会議で僕が自由に提案できる場を作ってくれたんです。まわりの人間がそれに対してちょっとでもアゲインストな感じで出てきた場合は、「だってこうやったらできるやん、そんなん」って横から押してくれる。少しでも企画意図がねじ曲げられるようなことがあれば、「浦沢さんの言ってることはそういうことちゃうわ！」とスタッフを説得してくれるんです。

撮影は、僕が現場に到着するとすぐにピンマイクつけられて、はい始めましょうって始まっちゃうんです。打ち合わせも台本も全くないんです。ノープランの演出で完全なドキュメンタリー。僕は僕で、ちょっと爆弾用意していこうかなと思って、たとえば東村アキコさんのときに、「横山光輝に影響を受けたでしょう」とか言って、「え、なんで分かるんですか!?」ってなった瞬間に、後ろで倉本さんが、「やった～！」って笑ってる。「ぶっこんだなあ」とか言って。倉本さんとしては、僕が持ってる漫画の情報やらスペックをフル稼働しろっていうことで、丸投げで任せてくれるんです。それにしても登場してくださった漫画家の方は一人ひとり、サービスでやってくれているのかと思うくらい、描き方が全部違うんです。もうみんなびっくりですよ。一人ひとりこれほどまでに違うのかって。だから、漫画家は一人一業種、一ジャンル、みたいな感じで番組内でも言ってますけど、まさにそれでね、だから比較対象物じゃないですよね。

相対ではなく絶対である。撮影現場も事前の打ち合わせがないのであるから、一気にドキュメンタリーとしてのエネルギーが出てくる。撮影後はどうなのだろうか。

浦沢　ええ、そして粗く編集したラッシュが上がったときにそれを見た僕が、何かが欠けてると思うと言うとそれを全部倉本さんがうんうんと聞いて本当に的確に汲みとってくれて、再編集した試写では確実に反映されているんです。なんか違うんだという感覚的な言い方でも、それはきっとこういう理由かもしれないみたいなところまで分析してくれて、それはじゃあ俺のほうから言うわ、とかってディレクターに伝えてくれる。僕の意図が上手く組みこまれて機能していっているのは、倉本さんが間にいるからだと思います。

倉本さんは「あいつらは大丈夫や。浦沢さんはどんどん自由に発想してくれたらいい」と。自分はテレビ界のスタッフの特徴は分かってるから、それは任せろという感じでやってくれてるんですよ。今までのテレビの仕事はやってもやっても空回りで、あそことあそこは見せどころだったのに、それ全部カットでそっち使うんだ、みたいなのはいっぱいありましたからね。

最後のナレーション入れの現場まで僕が行きます。なぜかと言うと、たとえば「ホワイト」という専門用語が出てきたときにアクセントの位置がＮＨＫと我々の業界では違うんです。そこで議論してＮＨＫ的にどうしても無理だってなったときに、じゃあ「ホワイト修正」っていう言い方にしようかとか、そこまで揉んでいくんですよ。ナレーション現場で。でも本当に気持ちよくやらせてもらっています。

きっとダウンタウンもそうなんじゃないかな。僕はダウンタウンが出てきたときに日本のお笑いが変わったって思って、「ダウンタウンはビートルズだ」とインタビューで答えたくらいです。そしたら倉本さんがやっぱりビートルズマニアだった（笑）。リバプールなまりのビートルズが、そのまま放送で話すって、当時のイギリスでは考えられなかったらしいんですよね。

たしかに現在では日本でも関西弁が普通に電波に乗って流通している。

浦沢　かっこいいロックバンドがおもろい関西弁てことですからね。こないだも、国会前のデモに参加してた知り合いの女の子バンドがCD送ってくれて、わりと、ガチな反戦ロックだったんです。それを聞いて彼女らにメールを返したんですけど、「君ららしくてアグレッシブでいいから、がんばれ！　だけど、おじさんの一言だから全然無視していいんだけど、ユーモアを忘れるな」って。戦争反対って叫ぶのもひとつのやり方だけど、より多くの人たちに漫画を描く楽しみや読む楽しみを知ってもらうことも戦争から離れていく力になるのかもしれないと思うんです。

世界平和のために仕事をしてる倉本美津留が「日本をポップに」というのと似ている。

浦沢　そうですね。手塚先生の『紙の砦』っていう自伝的な漫画があるんですけど、漫画を描くこと自体が悪だとされていた戦時中にずっと引きこもって描いた漫画の枚数が何千枚っていうんですよ。すごい枚数です。その中で世の中がどんなふうになろうとも俺は漫画を描くんだっていう意思で対抗することの崇高さを感じました。

園子温

ファッションデザイナーの荒川眞一郎が仕掛けたイベントがあった。モデルではない友人の男たちを集めたファッションショーである。倉本がこれに呼ばれて出かけていくと控室で声をかけられた。「倉本美津留さんですよね」。ウォーキングの出演順がひとつ前という男は映画監督の園子温だった。「TVブロスで連載してますよね？　俺たまに読んでますよ」

園はちょうどインディーズ時代に撮った「うつしみ」を発表し終えたあとであった。楽屋で話しているうちにまた次に外で会うかということになって、親交が始まった。「うつしみ」を観た倉本は「映画をええ感じで壊してるなあ」と感嘆した。遡って「THE ROOM」も観たら、冒頭のシーンもセオリーを壊している。「分かるわ。好きやわあ」

誰もやっていないことをやろうとしている。詩人で評価されたが、詩は遅いと思ったらもうカメラを持って走りだしている。すぐに好きなタイプの人間だと分かった。

自主映画を始めた二〇代のころからその才能が注目されていた園は、一九九九年になると文化庁の新進芸術家在外研修員として一年間アメリカに滞在することになった。倉本はちょうどアルバム「ニンポップ」をリリースしようとしていたところで一緒にメシに行った。

園もビートルズに影響を受けていることが分かった。

「俺が最近作ったアルバムがあるから聴いてみてよ。聴いたら俺がビートルズの続きをやっているのが分かるはずや」

「えっ、続きって何？」

「ビートルズは『アビイ・ロード』までしか作ってないやろ。その後でもっとすごいもんを作ろうとしたけど途中でやめてる。それを俺が作った」

園は笑いだした。

「バカじゃないの！　アホやアホ、アホ」

「そうや、アホやで。だからやってんねん」

「分かったアメリカで聴くよ」

CDを渡した。

破天荒な園は渡米はしたが、留学先のUCバークレー校には一日も通わず、半年ほどで支給された奨学金も使い果たしてホームレスになった。それでも途方に暮れるわけでもなく、これも貴重な経験と路上で肝を据えた。かつて漫画家を志していたスキルを活かして西海岸のビーチで客の似顔絵を書いて糊口を凌ぎながら、新作「自殺サークル」のシナリオの執筆に取りかかった。新宿駅で女子高生が集団で飛びこみ自殺を図るという作品で商業映画でのデビューを考えていた。ふともらったCDを聴いた。

赤い実見つけていそいそと
喰べて血を吐く女子高生
首に飾った白い珠
揺れてぼやける虚に
尊い光に包まれる

青いジュースが美味しそう
飲んで血を吐く子供達
強く握った白い珠
ポロリ零れる虚に
尊い光に包まれる

菜の花の絨毯の向こうの広い河
渡りたいけどどうしよう
母さんがよんでいる
「おぉーい」

マザーグースのような唄を作ることをテーマとしている倉本が潜在的な言詞を紡いだ「それではみなさんさようなら」という楽曲であった。

発意は大阪で「現代用語の基礎体力」という番組でコント「名探偵鼻血小五郎」を書いていたころである。槍魔栗三助の怪人にさらわれる少女役の羽野晶紀（当時劇団☆新感線）にいつも童謡や唱歌の替え歌（おもちゃのチャチャチャ＝お餅で逝っちゃった等）を歌わせていた。そのときの羽野のセンスあふれる壊れっぷりにインスパイアされてオリジナルの童謡として作ったのが、この曲の原詩だった。

園は聴いた瞬間これを「自殺サークル」の主題歌に使おう、と思った。

倉本は国際電話をもらう。「アルバム聴きながらホン書いていたんだけど、倉本さんが言っていたことが分かったから」

詩人でもある園は言った。

園　自分がオーディションをやっていても浅野忠信風とか高倉健風とか、そういう日本の伝統的なボソボソと話して間を置いて背中で語るというようなものは良くないと思っていたんです。それは自分が詩をやっていたからこそなんです。それは不完全なんです。むしろ言いたいことをぎゅんぎゅん言ってその応酬をしつくしたあとにそれでも言葉で埋められないものが見えてきたものがポエジーだと思うんです。最初から空白ではなく、まずは言葉で埋めて埋めて埋めつくす。でもそこに沈黙があって間が生まれる。そうなってはじめて詩情。自分と倉本美津留との間で通じるものはその言葉。もう一つは彼の根底にある「死」のテーマなんですね。わりかし身近にころっと死が転がっているみたいなテーマをいろんな歌にしているんです。それは作家としてそうだと思うんです。いつかミッキー・カーチスさんとしゃべっているときにあの子（倉本）は変な歌詞を書くよねって言っていたんです。メロディーはいいし、あの詞さえ変えればもうちょっとメジャーになれるよ、すぐに死んじゃうんだよねって。それはもちろん褒めているんですけどね。倉本美津留には「詩」と同時に「死」があるんです。あの『自殺サークル』も単純に死は意外に隣にいてにゅっと顔を出す、そんな映画でしたから、シンクロするものが多かったですね。特にあの曲（『それではみなさんさようなら』）がアルバムの中で大好きだったというのもあってこれは使いたいと思ったわけです。撮影する前から決めていたし、編集も曲の終わりとシーンの終わりを合わせましたね。

園が感じた倉本の詩と死。それは二〇代で体験した様々な人の死に起因しているのかもしれない。

板尾創路

倉本は板尾創路がほんこん（蔵野孝洋）とのコンビ130Rで東京のテレビ進出を果たした際、単独ライブ「TABOO」の舞台を構成している。原宿ルイードで行ったこのライブは一時間半の間、絞首刑台に向かう死刑囚と看守による五分ほどのコントを延々とループで繰り返すという、お笑いの新人がやるには似つかわしくない極めて実験的な舞台であった。

「僕はシュルレアリスムと笑いが混在してどっちが価値があるのか分からんようなモノを

作りたいなと思っていたんです。板尾は当時から独特のボケや返しが突出していた。当時『ダウンタウン汁』という番組でお笑い頭脳バトルというのをやっていたんですが、松本人志と並ぶ両巨頭という感じで図抜けていました。この男なら不思議なことを要求しても受けいれられるだろうなと思っていたら、案の定、いろんなむちゃくちゃなことを自然に受けいれて普通にやってくれたのが若いころの彼だったんです」(倉本)

最初は戸惑っていた客も最後は爆発的に笑い転げだし、この実験舞台は成功に終わった。板尾は現在、役者としての評価も高い。是枝裕和監督は「空気人形」の主演に据えているし、「ナイン・ソウルズ」で競演した故原田芳雄、脚本家の宮藤官九郎も俳優としての板尾を激賞している。板尾が演じた舞台「板尾創路インテリジェンス」通称「ＩＩＩ」はクドカンが脚本を書き倉本が演出を施している。

板尾　倉本さんとルイードでやったころはまだ僕も若手でそういう実験的なことやっている場合でもなかったんでしょうが、逆にそういう時代やったからこそ、遠回りしてのぞいてみたくなったというか。

もともと、毎日放送の「ヤングタウン」の、ダウンタウンさんのやった曜日の構成をしてはったんですよね。そのときにはじめて会ったというのが出会いです。面白がり方が人とは違う感じがすごくありましたね。他の人はなかなか分かってくれないような発想とかイメージを敏感に受け取ってくれる人やし面白がってくれる。間口が広いというか、何に対してでも否定しなくて演者のやりたいことに対して、すごくのっかってきてそこの方向性を上手く模索してくれる。だから相談しやすいんですね。僕がやっぱり一番印象に残っているのは最初に一緒にやった実験的な「TABOO」なんです。僕がああいうことを漠然とやりたいって言うたときに倉本さんが乗ってくれた。あのころは東京にバラエティーで来ていて「ごっつ（「ダウンタウンのごっつええ感じ」）」でレギュラーもやってましたから、そんなことをする必要もないっちゃないんです。ライブにしてもいわゆる普通のネタのライブみたいなのをやったらええ話なんですけど、そういうアングラなことを僕はやりたくなってしまったんですね。今思うと多分メジャーなとこに行きかけた自分に対してのいましめ、いい意味でのブレーキをかけたかったんでしょうね。まあ若かったから、とんがっていたのかも分からない。吉本（興業）もなんでそんなことやるんやというのが内心あったかもしれませんが、タレントがやりたいって言うてることはやらしてくれる会社なんで。とりあえず今の社長の大崎さんにこういうことをやりたいと言ったんですよ。そしたら「おお、やれやれ」って賛成してくれてでもまだ中身がそんな固まってなかった。そしたら大崎さんに「それは倉本でやれ」って言われたんです。僕も構成を頼むんやったら倉本さんが良かったんで意志が合ったわけです。実際に話したら面白がってくれて最初に死刑囚の短いくだりを書いて、そこからこんなんどうや、あんなんどうやって膨らませてくれたんです。

死刑囚が主役という発想は、死が直前にあるというシチュエーションが設定としては緊迫感があって面白いと思ったわけです。ループしていくのは自分のアイデアでそれが大前提でした。九〇分も同じコントを暗転させては続けていくのははじめてで、どう転ぶかも分からなかったですけど、倉本さんはそれをやれたことにかんしてすごく喜んでくれてましたね。打ち上げで、「やってみて分かることがあるんや」って言ってました。あの人はスタッフでありながら、裏方に甘んじることなくやっぱり自分も表現者やと思ってはる人ですからね。常に新しいもの、見たことないものを作りたいと思ってはるんじゃないですかね。

東野や今田と出た「冒冒グラフ」もそうです。一五分の番組の中にいろんなコーナーを詰めこんで一週間続けて観てようやく意味が分かる、つまり横軸で観るという倉本さんの企画。誰もやったことがないことをやっていこうとする主張がやっぱりすごいですね。タイトルもせめて「冒冒クラブ」にしたいというプロデューサーと大喧嘩していました。「グラフ」で観るんやから「冒冒グラフ」やって。最後ジャンケンで決めるとなって、勝ってグラフになったそうです。倉本さんは倉本さんなりのこれはグラフやねんって理論があるわけですよ。

人としての倉本さんはですね、それを僕は嘘とも思えないし、社交辞令とも思えないことがよくあるんですが、ぱっとどっかで偶然会ったりすると、けっこうな確率で、「板尾のことなあ、ずっとなあ、考えてたてん。さっきまで」とか、「昨日なあ、板尾のことでしゃべってたてん誰々と」とか、なんかね、すごく思ってもらってる気持ちが伝わってきて優しい人やなと感じるんです。すごい純粋な感じで言わはるんです。そういう人なんですよ、あの人ね。

アドバイスで印象に残っていること？　うーん、いっぱいありすぎてちょっと分からないですけど。（沈黙）意外と下ネタ嫌いかもね、あの人。二、三回、下ネタ多いなあって言われたことはあるかなあ。基本的に。僕が好きってわけじゃないですけど（笑）。

それから今、「IPPONグランプリ」とか、僕も出させてもらっている「ケータイ大喜利」とか大喜利が流行っていますよね。でも従来大喜利って落語家さんが最後に一門でやるものだった。それを大阪時代にダウンタウンを中心に据えて始めた。やっぱりそこの倉本さんの功績はでかいですね。いっつも熱くて、俺がこんなええ問題出しとんのにお前らはなんでこんな答えしか出えへんねん、ぐらいの勢いですからね。「アホアホ王国の王様が考えた法律ってどんな法律?」とか。「何があった?」とか。問いかける声の感じっていうのが独特でそのイメージが強いですね。だから、僕は倉本さんがノータッチの番組の中でも大喜利の答えをなぜか倉本さんが支えてるかのように聞こえるんです。いまだに倉本さんに問題を出されているような感覚になるんですね、僕は。

Chim↑Pom

二〇〇五年に結成された現代アーティスト集団。デビューはメンバーのエリイがピンクのゲロを吐き続けるという映像作品「ERIGERO」。二〇〇七年には相手の電話番号を聞き出して逆にお金を振りこむというオレオレ詐欺のパロディ作品「オレオレ」、二〇〇八年にはメンバーが小屋の中で二一日間野生のカラスとネズミと共同生活し、最後に死んだカラスを剥製にするという「友情か友喰いか友倒れか／BLACK OF DEATH」などを発表する。同年広島市現代美術館での個展が決まるが、一〇月に被爆地広島の上空に軽飛行機をチャーターして「ピカッ」という文字を描いた作品「ヒロシマの空をピカッとさせる」が問題となって謝罪会見の上、取りやめとなった。

また二〇一一年五月には渋谷駅に設置されている岡本太郎の壁画（＝原爆が爆発する瞬間を描いた）「明日の神話」の右下隅に福島第一原発の絵を描いたパネルをつけ加え、これを「Level 7 feat. 明日の神話」と銘打ったことで、また物議を醸した。

倉本はChim↑Pomのデビュー以来一貫して支持と称賛のコメントを発信している。

メンバーの岡田将孝、林靖高が語る。

林　二〇〇八年七月に恵比寿にNadiffっていうビルができたときに、地下に新しくギャラリーをオープンした。それのこけら落としを俺らがやったときに倉本さんが来てくれてた。

岡田　「日本のアートは10年おくれている　世界のアートは7、8年おくれている」っていうタイトルの作品なんですけど、新築のオープニングイベントなのに途中で建築を止めて地下を水浸しにしてコンクリートむき出しの廃墟のビルのような感じにして蛍をそこに放つっていう展覧会をやったんですよ。

林　そのオープニングの蛍が飛んでいる写真をちゃんと記録で残そうと思って撮影していたんだよね。蛍はすぐいなくなったり死んじゃったりするのでその日のうちに撮んなきゃって焦っていたんだよね。でも蛍の撮影ってけっこう難しくて、ぼわっと光るから写真にかっこよく収めるのに時間がかかってたんですよ。オープニングが終わって、パフォーマンスも終わって、ギャラリーはそこだけじゃないんで皆は上に行ったんだけど、俺らはカメラと悪戦苦闘してた。そのときにふらっと来て蛍の撮影が難航してるのをずっと見守ってくれてた人がいた。真っ暗な地下の水浸しの中で蛍を撮ってる俺らをずっと見ててくれたんだ。

岡田　ははは。いたね。

林　もちろん顔は知ってたんですけど、撮影で必死だったから、なんかうるせえおっさんいるなと思ったら。おお、倉本美津留さんがいるぞ、みたいな。蛍が、ふわーっと、飛んでいる写真を撮りたかったんで、蛍をこう、何度も何度も放したり、また集めたりしてたんですよ。それを、全部指示し始めた。いや、俺にじゃなくて蛍に指示を。「もうちょっと前に飛べ！」みたいな。

岡田　はははは。

林　蛍への指示を、ずーっとやってくれてた。

岡田　いい仕事をしてくれてたね。

林　倉本作品はもちろん観ていて「一人ごっつ」かな。

岡田　俺は、「ごっつええ感じ」のコント。あとは、「ビジュアルバム」。

林　きりがないね。そのときは知らなかったけど、「EXテレビ」とかも伝説としてのちのちあれは倉本さんだったんだみたいな。ちょっと脱線しますけど、俺らChim↑Pomの中でも、テレビっ子の二人なんですよ。ニルヴァーナとかビースティ・ボーイズをチェックするように、同じ感じでダウンタウンをチェックしてた感じでしたけどね。NHKの「プロフェッショナル～仕事の流儀～」で観たんですが、どうやって松本人志のコントができあがるかというドキュメンタリーで松本さんが「ここやっぱ違うわ」とか、悩んでるところにずっと倉本さんがいて。何かパスしてるみたいな感じがあって。もちろん松本さんが大部分考えてるんだろうけど、俺が好きだと思ってチェックしていた中に倉本さんもいたんだなと。

岡田　子どものころは本当にそれ一色。そういう代わりがなかった。アートもなかった。ダウンタウンか野球しかなかった。宮崎では（笑）。

林　俺らの作品そのものについては毎回けっこうがっつり見てくれてるよね。

岡田　ツイッターとかで。よくやった、あいつらまたやりやがったみたいな。

林　業界人だってイメージあるじゃないですか。言っても。だから、面白がってくれてても、業界人っぽい面白がり方なのかなと思いきや、すげえフラットに俺らのことも面白がってくれてる。それはなかなかなかないよね。

岡田　なかなかね。アートは難しいんじゃないかと思う人が多い。でもそこもちゃんと見てくれて面白いって言ってくれてる。

林　テレビ業界の人とかはやっぱ自分の業界に誇りを持ってるわけだから、クソ、アートなんてかしこまりやがって、俺ら負けねえぞみたいな、そういう一線の上で面白いとか言ってくれる人とかもいっぱいいるんだけど、その一線が倉本さんには全くない。「アホやなあ」って絶賛してくれてる。

岡田　面白い奴を世の中に出したいんだと思ってるんですよね。世の中的にアートなんて超カスみたいなもんじゃないですか。ジャンルとして。さらに、現代美術っていうと。

林　うさんくさいとか、よく分かんないとか、そういう逆差別的なものは多分にあって。

岡田　その中でちゃんと面白いって言ってくれるのはすごいありがたい。

林　面白いってじゃあ何という幅が、俺らと似てるし、広い意味での面白いをちゃんと、分かってくれてる人かな。芸術作品を突っこみ倒す「アーホ！」（フジテレビ）って番組を作る前にものすごく熱く、こんだけ面白いんだからみんなに伝えられるはずだと語っていて、あんときはすげえ感動しましたね。やっぱ年取っちゃうと熱くなること、そんななくないですか。純粋に面白いからこういうことしたいんだという熱さのおっさんってそんないないなくないですか。

岡田　ギター持ってね。

林　そうそう。ちょっとベクトルが違う熱さだとすんごい暑苦しいってなっちゃうんだけど、面白さって何？　みたいなところを踏まえてる熱さなので、その暑苦しさにノレるというか。

岡田　見たことない新しいことをどんどんやっていってる人だと思うし、自分らもそういうものをやっていかなきゃっていう気持ちでやってるから。

林　逆に言うと、僕らはアートをやってるわけなんですが、生きてきた中での素地みたいのは、やっぱ、ダウンタウンだったり「ＥＸテレビ」だったりがおっきな文脈としてあって、逆に俺らが倉本さんからそれを教えられてたっていう感覚もちょっとありますね。俺らぐらいの世代でアートやっていたら、少なからずそうだと思いますよ。

岡田　うん。そうだね。

林　「広島の空をピカッとさせる」について？　それは難しいです。広島出身なんです。倉本さんて。正式なコメントは聞いていないです。だけど全然お前らは思った通りやったらいいよみたいな雰囲気を常に出してくれてます。俺らがどういう意図でやったかとかはもちろん分かってくれてるし。岡本太郎も昔テレビに出たりとかしてたじゃないですか。あれも、アートが好きな人が分かってくれればいいみたいなアウトプットではなく、面白いことを一般のどれだけの人に伝えたいかみたいな設定があった。逆に言うと倉本さんもお笑いを見ない人にもアートをちゃんと面白がってもらえるようにしようとしてる。

岡田　逆に言うと、面白くないと思う人が多いから余計にやりたんじゃないかな。どんどんテレビの規制がきつくなったり、表現に対してのバッシングがあってネットでも叩かれる。そういう人たちが増えてきたからこそもっと面白いことやりたいなって思ってる気がします。

林　俺らのことを、意図は分かってても不快だと思う人はいっぱいいると思うんですよ。だけど、たとえば「Level 7 feat. 明日の神話」で言うと、じゃあ何を不快に思うのか。岡本太郎についてなのか、岡本太郎の作品が渋谷にあることも含めてなのか、原発が爆発したことなのか、東京電力なのか、政府なのか、人類なのか、どこまで含めて自分が不快だと思ったのかを考えるぐらいの不快さじゃないと面白くない。そういうことなんですよね。

林　倉本さんってそのへんの感覚はすごいあって。

岡田　喫茶店にかかっていた牧野邦夫の絵にもその場で引っかかってたって。絶対逃さない感覚がありますよね。

林　蛍のとき（Nadiff のオープニング）も絶対そうだったんですよ、「なんやこいつら」って。今考えるとね。

エピローグ

お父さん

みつるのお父さんはちょっと変わった人だった。とくにこどもをかわいがる感じでもなく、かといって神経質に怒るわけでもない。頭痛もちだったのでいつも機嫌が悪そうな顔をしていて会話をあまりしなかった。あとから聞いたところによるとお父さんは呉で鉄工所を営んでいたおじいさんのところに名古屋から養子としてもらわれたこどもだったという。お父さんもそのことをおとなになってから知ったらしい。

おじいさんが創設した倉本組という鉄工所はだんだんと規模が大きくなり、おじいさんは競走馬の馬主にもなった。それでお父さんは身体が小さかったので騎手になれと言われて、地方競馬を走る騎手になった。お母さんが言うにはある日レースで落馬をして頭を打ち、それから頭痛もちになってしまったらしい。いつもマイペースで動く人で、騎手をやめて鉄工所に勤めだしてからもそれは相変わらずで、家族で旅行に行っても勝手にどんどん歩いて行って必ず迷子になってしまうのがお父さんだった。頭痛のせいかよく転ぶ人でバイクでこけて顔がひどく腫れて入院したことがあった、そのときも絶対安静なのに見舞いにきたみつるをつれてなんばへ繰りだし、映画をみてカレーを食べてしまった。ふらふらになって病院に戻ると心配したお母さんが待っていて、みつるはさんざん叱られてしまった。

「どこ行っとったん！　あんたはなんで止めんのね！　お父ちゃんは大けがしとるのに」

口数も少なく、あまり家族のことに関心もなさそうでいつも不機嫌な顔をして自分のペースで生きている。そんなお父さんだった。

みつるが放送作家になって実家を出てひとり暮らしを始めたころ、お母さんに用事があって電話をしたことがあった。そうしたらお父さんが受話器に出た。電話に出ること自体がめったにない人だったからびっくりしていたら、さらにそこからめちゃくちゃしゃべりだした。あんなに無口だったのにみつるの言葉も聞かずにどんどんひとりで話していく。完全に躁状態だった。

ようやくお母さんにかわってもらった。思わず口に出た。

「あの、ちょっとおやじおかしない？」

「うん、そうじゃろ」

「あんなんちゃうかったよな」

「それがの」

とお母さんは説明を始めた。

「ずーっと頭痛で痛い痛い言うとったじゃろ。ところがの、ある日ピップエレキバンを三つ、首の後ろのほうに三角形に貼ったら、頭痛いのがとれるってことを発見したんよ、お父ちゃんは」

「えっ、なにそれ」

「実際、そこからすっごい変わったんよ。頭痛うなくなったからしゃべりたおすようになったんよ」

「痛みがもうないんや」

「ほんで忘れんようにその三点にずっとマジックでしるしをつけとるんじゃけん」

おもろ！　と思った。おもろいから、ちょっと会いたいなと思いだした。

それから実家に帰ってみるとお父さんはたしかに変わっていた。粗大ゴミを拾ってきてはいろんな発明品みたいなものにつくりなおしていた。家の中にガラクタの山がいたるところにあった。

「なにこれ！」

「お父ちゃん、なんかそんなこと始めとんのよ」

「めちゃくちゃ人格変わってるやん」

お父さんはやがて一つのプロジェクトに熱中しだした。壊れて放置されている自転車を拾ってきてはそれを修理して、近所の幼稚園や小学校に寄付するというものだった。最初はとても感謝された。しかし、まるではたらきアリのようにどんどんなおしてどんどん運びこむのでどこの幼稚園や小学校からも「もうけっこうです」と言われてしまう。みつるが「自転車なおしまくってるらしいやん」と言ったら「そうじゃ、見るか」。ついて行ったら倉本鉄工所にあった社宅食堂の広いスペースに何十台という自転車が山積みになっていた。

「えっ、これ全部なおしたんかっ？」

「ほうじゃ、けどな、どこももろてくれんのじゃ」

「はははは」

めっちゃおもろなってるとお父さんのことが気に入った。こんなおやじの息子やから俺もこんなおかしいねんなと思った。頭がおかしいと思う人もいるかもしれないけれど、基本は人のために良かれと思ってやっていることだから、みつるは心配せずにむしろ誇らしく思った。

家の裏に空き地があった。近所の人の私有地だったけれど、持ち主もほったらかしにしていたのでそのまま何も建たずに更地になっていた。そこにお父さんは近所のこどものための遊び場を勝手につくりだした。穴を掘って砂場みたいなものをこしらえたり、掘っ立て小屋を建てたり、シュールなアートみたいなことをやりだした。みつるはその空き地にお父さんの名前を冠して「夢の遊園地まさおランド」と名づけた。「まさおランド」にはどんどん新しいアトラクションが増えていった。

お母さんが脳卒中で倒れてからだの半分が不自由になってしまったのでお兄さん夫婦と同居することになった。お兄さんは結婚して同じ敷地に以前からあった社宅のほうで暮らしていたのでそこに身を寄せ、お父さんは実家にひとりで住むことになった。

わりと器用に炊事や洗濯もお父さんはこなしていたが、だれもいない部屋のはずなのにだれかと会話を始めるようになった。料理もいつも二人分つくっては食卓に並べて食べていた。どうやらお父さんはそこに金髪の美女といっしょに暮らしていることになっているようだった。

お母さんが言った。

「あんたが学生のときに外国のポルノ映画のビデオを部屋に置いとったじゃろ」

「ああ、あったあった」

「それ父ちゃんがもっていってよう見とったわ。たぶん、その金髪の女と暮らしとるんよ」

お父さんは金髪の女性といっしょにお風呂に入ったりしてなかなか楽しい人生になって

いるようだった。

「あと、最近はよう道に生えとる花と喋っとるわ」

「へえ！　花と会話できるようになってんねや！　それはすごいな」

みつるはわくわくしながらお父さんのファンタジーに寄りそっていた。しばらくすると
こんどは棒をもって夜警を始めた。

「この町にワルもんが攻めてくるから戦わんといかんのじゃ」

とお父さんは言った。深夜徘徊してはるということで、近所の人は少し怖がりだした。

そんななか、裏の空き地を地主がついに駐車場にするということになった。ついては
「このガラクタをつぶしますよ」ということになった。このままではまさおランドがなく
なってしまう。

そこでお父さんは立ちあがった。

「こどもらのためのもんをつぶしちゃあいけん」

地主さんともめだして警察がきた。するとお父さんは警察に殴りかかってしまった。

これはまずいとなって病院に入ることになった。みつるは病院に面会に行った。

「父ちゃん、町を守らなあかんねんて？」

「わしな、超能力が使えるようになっとるんじゃ。その超能力を使って町を守るんじゃ」

「どんな超能力なん？」

みつるは興味をおさえられなかった。

「あるときの、何もすることないけ、縁側で外を見とったんじゃ。そしたら猫が向こうのほうに歩いとるんが見えたけ、こう猫に指さしたんじゃ。そうしたらその猫がぴたっと止まってぱたんとたおれたんじゃ。すずめにもやってみたら空中で止まってぱたっと落ちたんじゃ」

「ほう」

「おまえもわしらの町にヤクザが攻めてくるの知っとるじゃろ。じゃからその力でわしが止めんといかんのじゃ。こないだ攻めてきたヤクザはみんなたおした」

「すごいな」

「それはええんじゃが、どうやらわし、グラミー賞をもらえるような話になっとるようなんじゃ」

「お、グラミー賞かいな！　なんでやろ」

「わしカラオケ好きじゃろ。カラオケ行ってだいぶ歌がうもうなっとる。それと、ヤクザから町を守ったっちゅう手柄と合わせてと思うんじゃが、グラミー賞で賞金がようけ出るゆうて連絡がきとるんじゃ」

「すごいな。グラミー平和賞やな」

「みつる、百円もっとらんか」

「あるよ、なんで」

「ジュース飲みたいんじゃ」

「はい」

お父さんはみつるが渡した百円玉をもって自動販売機があるであろう方向に足早に歩いて行った。そして途中でふりかえって、

「はいじゃあの！」

と別れの言葉をひとこと言ってそのままどこかへ消えた。

「おやじ、なんか、かっこええやん」

とみつるは思った。

お父さんはその後、退院して自宅に戻った。東京にいるみつるは、大阪にいるお父さんになかなか会いに行けなかった。

ある日の早朝、お父さんは国道沿いでクルマにはねられて意識不明になった。病院に見舞いに行ったが、まったくコミュニケーションがとれるような状態ではなかった。それから数週間後、お父さんはそのまま死んだ。

みつるはお父さんを好きになれて本当に良かったと思った。

謝辞

本書刊行の最初のアイデアをいただき以降もゴールまで伴走してくれた長瀬千雅さん、粘り強いサポートと深く原稿を読み込んだアドバイスを下さった藤岡美玲さん、そして目が回るような多忙の中、取材と調整作業に献身的に関わって下さったニンポップの本多アシタさんに心からの感謝を申し上げます。

もちろん、倉本さんと全ての取材対象の方に。

ありがとうございました。

木村元彦

倉本美津留　くらもと・みつる

1959年広島県生まれ、大阪府育ち。放送作家。『突然ガバチョ！』『ヤングタウン』のADを務めたのち、放送作家として『EXテレビ』『BLT』など伝説的な番組を世に出す。東京に進出してからは、『ダウンタウンのごっつええ感じ』『伊東家の食卓』『M-1グランプリ』『シャキーン！』など数々の人気番組を手がけている。ミュージシャンとしても活躍している。

木村元彦　きむら・ゆきひこ

1962年愛知県生まれ。ジャーナリスト。東欧やアジアのスポーツや民族問題を中心に執筆活動を行い、著書に『誇り　ドラガン・ストイコビッチの軌跡』『悪者見参　ユーゴスラビアサッカー戦記』『オシムの言葉』のユーゴサッカー三部作、『争うは本意ならねど　ドーピング冤罪を晴らした我那覇和樹と彼を支えた人々の美らゴール』などがある。実は大のお笑い・演芸好き。

すべての「笑い」は
ドキュメンタリーである
『突ガバ』から『漫勉』まで　倉本美津留とテレビの34年

二〇一六年六月二三日　第一刷発行

著者　木村元彦
編集　長瀬千雅　藤岡美玲
発行者　落合美砂
発行所　株式会社太田出版
〒一六〇-八五七一
東京都新宿区愛住町二二　第三山田ビル四階
［TEL］〇三-三三五九-六二六二
［振替］〇〇一二〇-六-一六二一六六
ホームページ　http://www.ohtabooks.com/
装丁　木庭貴信＋岩元 萌（オクターヴ）
印刷・製本　シナノ印刷

ISBN 9784-7783-1368-5　C0095

写真提供
p3,21,65,109,117　倉本美津留
p213　株式会社アミューズ